AF349178

René Rebetez

Cuentos de amor, terror y otros misterios

Colección: PIEDRA DE SOL

Título original de la obra: CUENTOS DE AMOR, TERROR

Y OTROS MISTERIOS

Primera edición: 1998

Segunda edición: 2007

Tercera edición: 2016

©   René Rebetez
©   Cooperativa Editorial Magisterio

     Diagonal 36 Bis (Park Way) No. 20-70
     PBX: 338-3605
     Bogotá, D.C. Colombia
     www.magisterio.com.co

Ilustración de portada: Jan van de Velde II, Las brujas

ISBN Libro: 978-958-20-0403-3

*Sólo nos desnudamos totalmente
cuando entramos sin hacer trampas
en lo desconocido.*

Bataille

LA HISTORIA DE ESTOS CUENTOS

Todos los cuentos tienen su historia. Las circunstancias en que un relato se gesta deben marcarlo, como a los hombres, indeleblemente; y por lo tanto desde el momento de su concepción hasta que ve la luz, lo fabuloso es un testimonio poético de situaciones auténticas.

Nada hay más prodigioso que la realidad si compartimos con Edgar Allan Poe la certeza de que *todo lo que vemos o creemos ver no es más que un sueño dentro de otro sueño*, lo que siglos antes había enunciado Chuang Tzú en aquel famoso cuento en el que sueña ser una mariposa y cuando se despierta ya no puede saber si es Tzú que sueña ser mariposa o si es una mariposa soñando que es Chuang Tzú.

Existe un realismo subjetivo, interno, tanto como un realismo objetivo, exterior. Al fin y al cabo toda realidad está determinada por esos dos polos dialécticos pero es un hecho que no solamente vemos las cosas como creemos que son, sino que también somos capaces de modificarlas. Y esto también acontece por partida doble: el hombre siempre ha hecho realidad sus fantasías, aunque no solamente sus dorados sueños, ya que con frecuencia indeseable suele convertir en hechos sus más atroces pesadillas.

La realidad virtual de la electrónica nos está haciendo ver que nuestra certidumbre escapa a los límites estrechos de una pretendida objetividad: según Gary Zukav de acuerdo con la física cuántica en el momento en que una ecuación de onda colapsa, el universo se divide en dos mundos. En uno de ellos yo subo escaleras arriba y en el otro corro escaleras abajo. Existen dos distintas ediciones de mí. Cada una de ellas hace cosas distintas y cada una de ellas ignora a la otra. Esas sendas jamás se cruzarán puesto que los mundos en que se dividió el original son, para siempre, ramas separadas de la realidad. Y por supuesto, estas dos ramas se subdividen y florecen hasta más allá del infinito.

Ahora esos inagotables sueños dentro de este sueño que conforman el vivir se denominan realidad virtual. Y estos cuentos *de amor, terror y otros misterios,* son, por lo tanto, virtualmente realidad. Como escribiera en relación a mis cuentos de *La nueva prehistoria* Ramiro de la Espriella alguna vez, estos relatos también resultarían ser una crónica de la realidad subjetiva de nuestro tiempo.

La única forma de vernos, es tomando distancia de nosotros mismos y esto es lo que la imaginación permite hacer. Y en lo que me concierne, esta es mi razón para contar historias.

Pero una cosa es contar historias y otra contar las historias de estos cuentos. Viejos relatos y nuevos se entremezclan aquí, entendiendo por viejos los que fueron escritos y publicados hace años en otras latitudes y por nuevos los de reciente cuño, sin embargo todos ellos están ligados por un mismo hilo conductor en un laberinto de temáticas disímiles. Ese *leit motiv* es el mismo que diera pábulo a las fábulas que relacionan a la conciencia dormida con el posible despertar de esa «bella durmiente» a una realidad desconocida.

Ya que se trata en este libro de relatos que según los entendidos pertenecerían a los parajes de la literatura fantástica unos y a la ciencia ficción otros, parece insólito afirmar que la mayor parte de ellos tiene como punto de partida la realidad objetiva y como secuela, la recreación de una realidad paralela.

Así pues el lector encontrará que la ficción de «El fabricante de almas» acontece en el trayecto real de un viaje nocturno en el tren expreso que reúne a las ciudades de Ankara y Estambul. Por increíble que parezca, «El señor de las ratas» arranca de una anécdota inspirada en un caso real de una especie de licantropía y en «El samurai y la sombra» son textuales la encrucijada en el barrio de Shinjuku, el templo del bosque de bambúes y algunos de los figurantes.

Otros relatos toman forma de crónica, como «La Naene», que relata, sublimándola, una historia de mitos y hechicería vivida en el Istmo de Tehuantepec y «El desertor» es una entrevista con personajes reales que viven en un mundo fantasmagórico. La fatal heroína de «El gato egipcio» existió en realidad y su tragedia es cierta hasta los pobres límites de la razón, pero en útima instancia es una historia de amor, que parodia el romanticismo dieciochesco. También son historias de amor, como su nombre lo pregona, el «Otro amor loco», que relata con algo de cinismo la historia de una insólita dependencia y «Amor a ciegas», que tiene también asomos de política ficción.

Algunas narraciones incluidas en este libro emplean como «Los Hélmidos» y «El alegre planeta» el recurso de la ciencia ficción como el medio contemporáneo para efectuar las analogías que fueran antaño del dominio de los cuentos de hadas. Decían los antiguos persas que los cuentos con los que Sherezada engatusó al sultán, fueron dichos para «*un oído detrás del oído*» y que su moraleja no se entregaba nunca obviamente sino que debería ser descubierta tarde o temprano por el mismo oyente.

En una forma similar, siempre he creído que el verdadero final de una historia está escrito en el corazón de los lectores y por lo tanto que los cuentos tienen tantas *finalidades* como lectores tengan. Pero mi mejor deseo es que el descifrador de estos relatos *de amor, terror y otros misterios*, disfrute tanto leyéndolos como disfruté escribiéndolos.

René Rebetez
Isla Providencia, Mar Caribe, Marzo de 1998

Magia negra
(Great Rock City)

I

En lo alto de la Casa Blanca ondea la bandera de las estrellas y las barras negras. Un soldado de chocolate, uniformado de azul y quepis rojo, sopla voluptuosamente en el dorado interior de una trompeta.

La ciudad sureña despierta a los acordes del *blues*. Los muchachos de brea y miembros largos ríen, con una risa blandamente ronca y las muchachas de aceite ríen también descubriendo el teclado de sus dientes. La betunada multitud sale de las casas y los edificios, se vuelca como un alegre río de petróleo en la calle mayor. Van tomados de las manos, visten breves túnicas que dejan al descubierto los muslos largos y los pechos enhiestos. Todos son negros. Se desplazan, no caminan, con esa cadencia que los blancos nunca pudieron imitar.

La multitud emerge de todos los rincones de la ciudad, para asistir a una gran conmemoración.

El anciano consejero está de pie, en medio de la plaza principal, los brazos abiertos emergiendo de los blancos pliegues de la túnica y la mirada blanda posada en el extraño y doloroso pasado blanco de los negros.

La trompeta ha enmudecido; los tambores desgranan un ritmo lento. Los tamborileros que rodean al anciano forman una inmensa media luna, las bocas entreabiertas, las manos acariciando los cueros tensos, cientos de pares de manos negras y de voces balbucientes. La multitud espera y su silencio se ha convertido en un murmullo. Los negros brazos alados caen del cielo, despacio, como nubes de tormenta y la voz cascada del anciano musita las primeras palabras del ritual.

—*Ebuo bwalu kemai wa namu...*

—Oh, hijo de mi madre, un milagro ha sucedido...

La multitud hace eco a las viejas palabras del dialecto congolés y poco a poco, imperceptiblemente, se mece al ritmo de los tambores. El consejero emite ahora roncos sonidos que se convierten en palabras. El rito es muy lento y las voces bajas, susurrantes.

La trompeta desgarra repentinamente el murmullo de tambores y de voces. Es una melodía tensa y melancólica como los viejos aires de la Edad Antigua de los negros. Transmite una tristeza profunda que penetra en los poros y los abre, sangrando sin dolor. Una tristeza sensual se mece ahora como una inmensa hamaca en la plaza mayor de Great Rock City.

El anciano balbucea, la multitud corea en un rugido apagado sus palabras, la trompeta horada el aire con un grito de angustia y el ritual tiene lugar aquí y en todas las ciudades a esta misma hora y en poco tiempo los negros bailarán y las palabras y los gestos y la música entretejerán los hilos de una historia que se recuerda cada año desde hace más de un milenio. La oscura y sudorosa multitud se fraccionará en grupos, en parejas, como obsidiana que se rompe en largos filamentos negros, en hileras retorcidas por el ritmo y bailarán en el estilo de los antiguos tiempos una coreografía que narra su verdadera historia, como un libro viviente que nunca pudo ser quemado por ninguna inquisición.

Los dignatarios brujos harán su entrada en las plazas públicas, coronados de plumas irisadas, solamente ellos vestidos de túnica escarlata, haciendo alarde de su singular sabiduría, poblando el aire de las ciudades de una brisa cálida preñada de ruidos y estridencias.

Una vez más, como sucede cada año durante esta celebración, crecerá yerba fresca y verde bajo los pies descalzos sobre el pavimento de las calles, las lianas bordarán un manto que sofocará los blancos edificios y brotarán orquídeas y parásitas multicolores de los ojos, las orejas y las bocas de las viejas estatuas.

La última historia será contada y vivida nuevamente, los brujos más jóvenes mimarán el sacrificio de Joe Bradley, alias Babún, y otros harán el papel de sus verdugos, con espantosas máscaras lívidas adheridas a la oscura piel, en remembranza de la cerúlea epidermis de los blancos. Y sobre sus cabezas ondeará un penacho dorado y lacio, en remembranza también de las cabelleras lacias y doradas de los antiguos amos.

Los brujos viejos a su vez, ceñidos por las túnicas de púrpura, los *babalaos* de la era del Color, los Autores de la Dicha y la Desgracia —que siempre viven juntas— lo observarán todo apaciblemente desde sus pedestales, pues al fin y al cabo fueron ellos, como encarnación de sus ancestros, los autores del Gran Cambio, aunque esto nadie lo sabe a ciencia cierta, porque todo comenzó realmente cuando las mujeres blancas comenzaron a entregarse a la negritud y cuando el *african look* como una sombra del futuro llegó para quedarse entre los blancos definitivamente. Por ese entonces —lo recuerdo muy bien— algún profeta anónimo dibujó un gigantesco grafitti futurista que decía: *Dios es Negra,* seguramente a sabiendas que Dios siempre ha tomado la forma, el color y el sexo que le impone el porvenir.

II

Lo que narran los brujos sucedió hace tiempo en Little Rock City, que así llamábase entonces la que hoy se denomina Great Rock, en memoria de la gran venganza de los *babalaos.*

Entonces, tal como hoy, la calle central amodorrada de verano atravesaba la pequeña ciudad como un lento helminto blanco. Los edificios eran blancos también, como lo siguen siendo ahora, y gruesas cintas blancas señalaban sobre el negro pavimento las señales de tránsito. Aquella tarde el sol caía a plomo sobre la blanca ciudad del sur, que antes había sido aséptica y silenciosa como un gran hospital, como lo eran entonces casi todas las ciudades norteamericanas.

Aquella tarde de hace tanto tiempo, una mancha de color irrumpió súbitamente en la calle solitaria, se escurrió bajo la luz intensa adosándose a las paredes sombreadas, evitando caminar sobre las blancas señales, tratando de pasar inadvertida. Joe Bradley —mejor conocido como Babún— era el hombre más rápido de la ciudad y en ese momento se desplazaba con el trote largo y elástico de su raza y sin saberlo, sus pies convertían el pavimento en suave yerba verde y a su paso la calle se inundó de colores y rítmicos sonidos y su roja sangre lo impulsó hacia adelante como un combustible de octanaje muy puro. Porque Babún tenía fama de ser lo que llaman en Cuba un *babalao*, o un *oungham* en Haití, un hombre de poder, lo que la gente del común entre nosotros llama un brujo. Lo cierto es que era un hombre de respeto para los de su raza y odiado por los del Klan. Pero ahora el sudor formaba arroyos en el negro muro de su frente, cayendo en diminutas cascadas hasta su rostro, esparciéndose por los pómulos separados y salientes. Sus ojos estaban abiertos como grandes platos angustiados y su lengua lubricaba febrilmente los labios de orquídea.

Babún respiraba con regularidad de máquina, como una bruñida «diesel» negra escapando calle arriba, en su vertiginosa huida.

La calle despertó bajo el aullar repentino de los neumáticos. Los que perseguían a Bradley eran tres vehículos deportivos, bajos y largos, devorando la distancia que los separaba de su presa, atestados de hombre blancos de cabezas doradas empujando hasta el fondo los aceleradores, dejando una estela de monóxido de carbono flotando tras de ellos.

Sabuesos metálicos refulgentes, sus cilindros jadeaban buscando al negro. Sonaron los cuernos de caza del lejano Siglo XX y los jinetes vociferaron su himno blanco de odio. Chuck Corrigan, de la junta de mejoras públicas —distinguido miembro del partido republicano y presidente secreto del Klan— iba al volante del primer auto, mascando un tabaco extinto, los ojos de un azul eléctrico horadando el espacio en busca de la presa de ojos negros palpitantes. Las aletas de su nariz eran como branquias y el sudor hacía lagunas en su camisa floreada.

En las noches de reunión del Klan, bajo la negra capucha cónica, sus meninges habían fabricado obsesivamente las secuencias de esta persecución fabricada por la odiosa retórica de sus inflamados discursos. El negro Bradley era odiado por ser el mejor deportista de Little Rock y ser líder de su comunidad. Como si esto fuera poco Babún tenia fama de brujo y de profesar antiguas religiones paganas en secreto, lo que aceleraba hasta el paroxismo el odio de algunos hacia él. Corrigan era el representante de ese odio y ahora ese mismo odio bombea en oleadas vertiginosas la sangre hasta su cara enrojecida y masca el tabaco con furia. Grita en el tropel de la cacería humana y su pie derecho espolea los doscientos caballos que bufan dentro del motor del convertible anaranjado.

El negro escucha a sus espaldas el aullar de los neumáticos y el rugir de los tubos de escape. Sus ojos, como un par de perros extraviados, buscan una salida, un escondite. Su respiración acompasada se ha convertido en un violento jadear y las venas de sus sienes parecen estallar. Sus piernas se han vuelto de algodón y los músculos de su torso se contraen dolorosamente.

Está a punto de caer, como una mancha de aceite sobre el pavimento gris.

III

Esto es lo que ha venido narrando hasta ahora la ceremonia de la Gran Conmemoración, por boca del anciano Consejero y el coro de los *babalaos*. De un momento a otro, sobreviene el silencio. Los dedos color malva no percuten más lo cueros; quedan tensos a pocos milímetros de las pieles de becerro. Los cuerpos ya no se estremecen y los danzantes, todo el pueblo ha quedado estático en alguna precaria posición. Han detenido el tiempo. La ciudad es Babún a punto de caer, Babún jadeante, Babún violáceo,

Babún a punto de ser arrollado, triturado, enquistado en el asfalto como grava humana.

La voz del Consejero *sisea* como un chasquido en el silencio:

—*Ngayi kwetu wa kwu mulengele mpatu...*

—Regreso a mi lugar, allí donde crecen bellos árboles...

Los tambores recomienzan, la multitud repite: *allí donde crecen bellos árboles* —la multitud baila —*donde el leopardo da caza a los espíritus del Calabar* —la multitud corea las antiguas palabras africanas —*donde el toque del conjuro llama a Tanze[1] en ayuda de mi tribu* —la trompeta lanza un grito agudo y persistente —*llama a Tanze para que hagamos tambores de la piel de nuestros enemigos* —la ciudad repite el mismo conjuro que pronunciara Joe Bradley, Babún, hace tanto, tanto tiempo, las palabras que él pronuncira en aquel preciso instante, antes de ser arrollado, realmente dichas quién sabe por quién, desde muy lejos, desde mucho antes que el mismo Babún existiera: *llama a Tanze para que el conjuro caiga sobre ellos, para que sus hijos...*

---

1.   Tanze: Dios-pez de una antigua leyenda de Calabar, que dio origen a la sociedad mística del Abakúa.

IV

Babún es alcanzado por el primer coche, el sabueso anaranjado que lo golpea de frente, enviando su cuerpo cinco metros adelante. Los coches restantes buscan el cuerpo aceitunado, los neumáticos pasan a muchas millas de velocidad sobre el cuerpo de Joe Bradley —alias Babún— pasan una y otra vez, deshaciendo sus lagos muslos, triturando los anchos huesos del negro, reventando la caja de su cráneo, esparciendo por doquier sus rojas vísceras sangrantes. Rechinan los frenos y como en las estúpidas series de televisión que ellos mismos inventaron, hacen cabriolas fúricas y rechinando las llantas sobre el pavimento vuelven a pasar sobre él, buscan con saña lo que queda de Babún y lo matan cincuenta, muchas veces, hasta que de él no queda nada, sólo manchas y jirones sobre el pavimento.

Reviviendo ese momento, la multitud delira frenéticamente las túnicas se desgarran, los cuerpos ruedan en trance por el suelo. Cada uno de ellos es Babún y sufre y se convulsiona con él en su agonía y aquello no cesa hasta que el trance es colectivo y la negra multitud yace postrada en un sueño poblado de extrañas deidades.

La magia hoy, como una vez todos los años, se enseñorea de la ciudad: los cuerpos yacen en la mullida yerba *que acaba de nacer* y sólo despertarán hasta más tarde, cuando sus mentes hayan vivido en sueños la última parte del ritual. Es el momento en que la vegetación exuberante se apodera de la ciudad. Las lianas reptan por las paredes de los edificios y hay mudos estallidos de color por todas partes.

V

Las Escrituras Negras dicen que Chuck Corrigan, poco tiempo después de haber asesinado a Babún, se encontraba paseando su opulenta figura en la sala de espera de la sección de maternidad del hospital de la que entonces se llamaba Little Rock City. Sus dientes triscan nerviosamente lo que queda de un tabaco apagado y maloliente. Su nerviosismo se debe a que su mujer, una gran rubia, casi albina, está pariendo el sexto retoño de los Corrigan.

Pero Chuck tiene más razones para estar nervioso: furiosamente aplasta por la décima vez una orquídea que brota a cada rato de entre las baldosas. ¿Será cierto aquello de la maldición y del conjuro que los *fuckin niggers* dicen que arrojó el *pinche* Baboon contra los blancos? Se ampara de un pañuelo y seca su frente sudorosa. Desde hace algunos días suceden cosas muy extrañas. Es para volverse loco, y piensa que se deben a la temperatura del verano sofocante lo espejismos que le hacen ver endemoniadas plantas tropicales creciendo aquí y allá y en todas partes.

Va hacia la ventana y separa con mano febril la cortina vegetal que oculta la calle. Ve como afuera las palmeras han crecido embrujadamente rápido, obstruyendo el paso de los vehículos. No sabe si es su imaginación o una insensata realidad, se retira de la ventana y tiene miedo de regresar a ella, porque entonces tal vez todo haya desaparecido. Las malditas plantas brotan, están ahí repentinamente y luego desaparecen y vuelven a surgir inesperadamente. Ayer creyó entrever una flor gigantesca y velluda, sembrada de asquerosas pecas, muy parecida a la que aparece en un de las láminas del libro de botánica que habla de esa plantas carnívoras, que abundan en ciertas regiones del África. Tropieza, lanza un juramento y ve como su pie se ha enredado en una liana que avanza lentamente sobre el piso de la sala de espera hasta desaparecer por los largos corredores. Minutos más tarde no hay rastro de ella porque las baldosas se han cubierto repentinamente de un tapiz de flores rojas como amapolas diminutas. Su aroma es embriagante y alucinador.

Ahí viene la enfermera, abriéndose paso por entre la maleza que ha crecido en los corredores y se sorprende a sí mismo diciendo, para fingir indiferencia:

—¿No son lindas estas flores, señorita Liliane?— Para preguntar después, en tono de forzada broma al observar el rostro aterrorizado de la mujer :

—¿No habrá sido niña esta vez, verdad?

La enfermera baja la cabeza. Chuck comprende que ha acertado, se trata de una hembra. La enfermera no levanta la cabeza. Chuck arranca vigorosamente un lirio negro que acaba de surgir de la pared, diciendo:

—Quiero ver pronto a mi hija, condúzcame hasta allá inmediatamente.

Sigue a la enfermera muda y cabizbaja a través de los pasillos sembrados de musgo, hasta la sala-cuna. Es la número veintitrés, dice la *nurse*, empecinada en no levantar cabeza y Chuck Corrigan se dirige hacia la cuna azul.

En su interior hay un hermoso bebé negro que lo mira con los ojos apacibles muy abiertos.

Oye, a lo lejos, entre la espesura, la voz de la enfermera:

—Mire usted las otras cunas, señor Corrigan... las otras cunas, por amor de Dios.

¡Todos son negros!

Y desde entonces, no hubo ya nunca más niños blancos jugando en las calles y en los parques de la ciudad.

Ya no habría niños blancos, ni adolescentes blancos, ni adultos blancos.

Ningún blanco...

VI

La ceremonia ha terminado. La bulliciosa multitud de brea despierta de su sueño embrujado y se esparce por las calles. Es de noche y la música de jazz y de reggae desborda con la luz de todas las ventanas. Great Rock City ha llegado al final de una nueva Conmemoración. Ha terminado el día en que, una vez por año siempre en verano, la magia del Calabar convierte a la ciudad, durante algunas horas, en una espesa jungla de colores intensos. Pero hay quien dice que durante el invierno, algunos han visto caer copos de una espesa, algodonada y negra nieve.

El segundo yantra

Rhina se sentó sobre el cojín almohadillado. Con gesto preciso contrajo las piernas y las enlazó sabiamente hasta lograr la posición del loto. Luego trajo el dorso de sus manos hasta las rodillas, las palmas hacia arriba y juntó delicadamente los pulgares y los índices.

Irguió la columna vertebral y dejó que su torso descansara sobre los riñones; con los ojos cerrados y la mente abierta relajó uno a uno los músculos del cuerpo, sedó los nudos de los nervios y redujo al mínimo las pulsaciones de su corazón, hasta sentirse ligero y sereno como una nube sólida.

Un calor intenso se encendió en el último *chakra*, directamente sobre los órganos sexuales. Subió lentamente, como una llama abrasadora a lo largo de su espina dorsal y a su paso hirvió la sangre, licuó las vísceras y la médula espinal que contiene el *kundalini* se agitó en su cárcel vertebrada como una sierpe largo tiempo adormecida.

La energía del ofidio sagrado trepó a lo largo de los plexos y al llegar a la altura de la glándula tiroides, ya Rhina no era hombre sino otra cosa que no pertenecía a la especie humana, aunque sin pertenecer a ninguna otra todavía; cosa pura, terrible, omnipotente y bruta, todas las cosas en potencia y nada todavía, arcilla amorfa esperando que alguna voluntad viniese a darle forma.

Rhina podría ser ahora cualquier cosa, o mejor dicho, llegar a ser, porque en este preciso momento —instante, siglos o segundos luz— Rhina no era nada, como un hombre en el instante antes de ser concebido.

Era este el momento —un segundo antes de la creación— en que los años de disciplina que le habían enseñado el arte del renunciamiento a las dependencias y a las ataduras del tiempo iban a dar fruto o a deshacer en la nada la esencia de Rhina, ese su «centro del ser», que debería sobrevivir a sus cenizas durante una relativa eternidad, que así llaman los humanos al tiempo de una vida dentro de los ámbitos del sistema solar.

Rhina sabe como estar en el mundo sin pertenecerle. En torno a él se hacen y deshacen los balances en constante vaivén y esto ya no lo afecta porque no interviene en el desequilibrio. Ha desbordado el reino de las contradicciones pero aún no ha rebasado sus fronteras; apenas se asoma a esa región donde el tiempo ha desaparecido y todo simplemente es.

En la región donde está Rhina existen el bien y el mal, el día y la noche, *pero ninguno prima sobre el otro*. Está aún mezclado al mundo de las formas pero su conciencia juega un papel preponderante sobre ellas: son arcilla en sus manos, *glincalin* maleable que su voluntad moldeará con la potencia que le imprimen los milenios enquistados en sus genes bajo las formas múltiples del *samsara*, la rueda de los tiempos. Una falla de esta voluntad, y los contrarios nuevamente se levantarán contra él abriendo una brecha por donde se evadirá todo el maligno poder de su imaginación descontrolada y así procreará *íncubos y súcubos* deformes, antimundos y cien mil aberraciones, como la que los humanos llaman sociedad industrial.

Rhina puede ahora soñarse y volver a nacer hembra, dragón, piedra pómez, guerrero o redentor, notario. Pero aún puede tener sueños perversos que lo conduzcan al suplicio eterno en el Hades o en Mictlán, hasta que el despertar de un justo lo rescate.

Todavía puede expresarse con palabras, no puede expresarse aún en otra forma como no sea por ese medio que utilizó el hombre cuando olvidó comunicarse con los dioses.

Pero ahora las palabras que pronuncie, así sean meros sonidos carentes de significado racional serán tan válidas como las primeras palabras pronunciadas por el hombre, porque Rhina ha retrocedido en el tiempo a las regiones preadámicas y el está ahora en el límite mismo que segregó al hombre del resto de las cosas vivientes, hace tiempos luz, cuando fue expulsado de la región donde el verbo encarnaba *ipso facto* y de la palabra a la concreción de la palabra no mediaban intermediarios, ni artefactos, ni requería tiempo alguno de elaboración.

En su boca el lenguaje habrá recuperado la perdida magia y está a punto de ser un dios, o nada, o cualquier cosa.

De amor o de odio, el pensamiento que irrumpa ahora en el vacío absoluto de su mente, invocado por el sonido de los *mantras* sagrados, se hará realidad en el espacio-tiempo y si él quiere los átomos se estrellarán destando una reacción en cadena capaz de extinguir el universo, constituirán un cosmos nuevo o simplemente continuarán zumbando armoniosamente en su lugar.

Si él quiere, basta con que el ofidio sagrado trepe un poco más, hasta iluminar los *chakras* superiores con su energía cósmica y si Él quiere entonces, alterará el tiempo y la humanidad hará el amor febrilmente, procreando a la velocidad de los termites, como un film que pasa demasiado rápido y la especie perecerá bajo su propio peso demográfico, sin tiempo suficiente para devorarse a sí misma, como lo hace en la actualidad. Si Él quiere, tergiversará los sentidos en tal forma que los hombres oirán por los ojos, verán por los oídos, olerán con el tacto y acariciarán a sus mujeres por medio de diversos y complicados aparatos.

Si Rhina quiere, esta misma historia no terminará jamás y por lo tanto será un mundo nuevo, o si quiere, hará que termine bruscamente, en un Apocalipsis sin trompetas. Si así lo desea, Él mismo podrá convertirse en esta historia, conferir su poder a la palabra escrita y actuar a su antojo, apoderándose de la mente del lector como los viejos papiros, los *yantras* y las antiguas escrituras que hicieran los antiguos dioses, venidos del espacio para enseñarnos entre otras cosas, a sembrar maíz.

A sabiendas que todo hechicero corre el peligro de que su magia se torne contra él, Rhina dibuja el *yantra* en un papel extraído de la corteza del árbol de Svetaketu, el *yantra encantador-de-todo-el-mundo* que obtendrá su dominio sobre todo lo viviente: traza un cuadrado de dos líneas y con tinta de azafrán, sándalo rojo, almizcle y hiel de vaca, escribe las primeros símbolos de los *mantras* sagrados, que va pronunciando a medida que aparecen, *om, vam, jem...*

* * *

Siglos luz después de hoy, en el gozne del tiempo, cuando el futuro y el pasado se hacen uno solo, alguien tomó este libro entre sus manos. La vasta biblioteca electrónica ocupaba subterráneas hectáreas de largos túneles y vastísimas estancias, iluminadas todas por coleópteros lumínicos, que iban y venían esparciendo su luz por todas partes, robots insectiformes que habían suplantado a las luciérnagas y eran capaces de producir una luz casi tan fuerte como la que circula en la superficie de Sotor, en la galaxia de Indra.

Ese alguien buscaba inútilmente información sobre ese período oscuro de tiempo que partió en dos la historia de los hombres de la Tierra: Antes y Después de lo Infausto Acaecido. Antes, es decir, desde la más remota antigüedad protohistórica hasta buena parte del siglo XXI y Después, o sea, desde el siglo I de la Nueva Era que coincidía con el comienzo de la vida en la galaxia de Inra, hasta la fecha. De ese período de tiempo, entre el Antes y el Después, nada quedó, salvo la oscuridad en la memoria de la especie, los trozos de metal fundido que reposan en el museo de Zaphor, las cintas de video pornográfico que no dicen mucho más que eso y algunas escenas truncas de esos mismos seres antes de acoplarse que se exhiben en el museo local de Sotor.

Y un libro: *este libro.*

El ser acarició suavemente las tapas del volumen, opacas por el tiempo y la pátina del tratamiento curador que las había impregnado de un *amasto* oscuro y el ser pensó —si así se puede llamar a lo que él hizo— que tal vez sería interesante saber que significaba todo aquello, que a primera vista parecía carecer totalmente de significado. El libro se conservaba más como un objeto arqueológico que por la información que pudiera contener: hay que aclarar que los seres de Indra se comunican exclusivamente por medios olfativos y audiovisuales y por tal motivo nunca han requerido de la palabra escrita. Por lo demás, su pensamiento multidimensional difícilmente podría acomodarse a esa autopista de una sola vía que nosotros llamamos alfabeto.

El ser deslizó sus *sentidos* por las amarillentas páginas del libro hasta encontrar *este* relato. Con un sentimiento parecido a la superstición, intentó leer en alta voz, moviendo rítmicamente los sonoros *térmidos*, mientras se alejaba arrastrando la espesa cola por los corredores desiertos:

Rhina se sentó sobre el verde cojín almohadillado. Con gesto preciso contrajo las piernas y las enlazó sabiamente...

* * *

Rhina intentó controlar su imaginación. Comprendió su soberbia y se dio cuenta de que en ese estado intemporal en que se hallaba cualquier desliz del numen procrearía mundos monstruosos e incoherentes, saltos del tiempo contrahechos y dolientes.

Procuró concentrarse en el Vacío y avivar la hoguera luminosa detenida en su tiroides. Pronunció para sí mismo palabras mágicas, cargadas de significado, cuyos sonidos harían vibrar la fuerza misma que las generó hasta perforar los pétalos enhiestos de sus *chakras* superiores para activar la glándula pineal, logrando al fin la trascendencia. El mecanismo de disolución de las sutiles energías que forman la materia debería realizarse por la fusión alquímica de ellas mismas, hasta formar ese poder cósmico, el Amor que recrea constantemente el universo.

Pero algo anduvo mal: los *chakras* superiores no sintieron el impacto y una sensación oleaginosa cubrió su piel. Dedujo un poder oculto, un enemigo. Enardecido, decidió dibujar un *yantra* de muerte: el *segundo yantra*, aquel *que-mata-al-enemigo*. Mezcló belladona y oropimente y con ellas trazó, sobre una delgada corteza de abedul, el triángulo munido de tridentes —*trishula*— y luego escribió con una pluma de cuervo el *bija Rhim* mientras pronunciaba en alta voz las palabras prohibidas que sonarían como una explosión en el silencio: *Hum, Phat, Hum*, que habrían de ocasionar la perdición del enemigo.

Pasado un momento, sintió lo mismo que sienten los reptiles cuando mudan de piel; pero Rhina lo sintió por dentro y por fuera y supo que por fin había cambiado y que al abrir los ojos ya no vería los mismos colores ni las mismas formas. Sin embargo no sintió paz, ni quietud, ni regocijo, como había esperado. Y se asombró cuando escuchó su propia voz convertida en un sonido dislocado, recitando penosamente unas frases vagamente familiares.

Abrió los ojos y encontró este relato entre las amarillentas páginas del libro y a sí mismo tratando de interpretar sus incomprensibles y rectilíneos glifos. El sonido que emergía de sus propias entrañas formaba palabras vagamente conocidas, cuyo sentido no podía percibir íntegramente. Leía en alta voz, moviendo rítmicamente los sonoros *térmidos*, mientras se alejaba arrastrando la espesa cola por los corredores desiertos:

Rhina se sentó sobre el verde cojín almohadillado. Con gesto preciso contrajo las piernas y las enlazó sabiamente hasta lograr la posición de loto. Luego trajo el dorso de sus manos hasta las rodillas, las palmas hacia arriba, y juntó delicadamente los pulgares y los índices...

Noé y la falaz paloma

Noé dijo: Oh, descreídos, Yo no soy Yo.
Yo estoy muerto y Alá está vivo.
Cuando el Yo está muerto en los sentidos del hombre
El que habla, el que escucha y el que entiende es Alá.
Cuando el Yo ya no es Yo, entonces el Yo es el aliento de
Alá

Jalaludin Rumi (1.207-1.273)

El patriarca descargó el peso de su cuerpo apoyando su quijada sobre las manos sarmentosas que cubrían la empuñadura del cayado. Así descansó algo de la fatiga ocasionada por el ascenso. Acababa de cumplir seiscientos años y puesto que habría de vivir trescientos cincuenta más, podía decirse que estaba en la plenitud de la vida. Sus abundantes y largos cabellos caían en negras guedejas a lado y lado del rostro, su perfil de águila parecía tallado en piedra y los largos músculos de su cuerpo se adivinaban bajo la túnica. Cubrió los ojos con la mano para defenderse de los reflejos del palúdico sol que brillaba al fin sobre el cielo plomizo. Ante sus ojos escrutadores se extendía la inmensidad sin límite del mar que circundaba la isla donde había encallado por designio de la Providencia, un mar azul profundo que ocultaba en su seno las ruinas de lo que antes había sido una civilización.

Yo y mis hijos somos los únicos que poseemos el recuerdo, se dijo para sí. *Un recuerdo que será nuevamente borrado de la mente de los hombres,* agregó en un murmullo que se apagó con el viento. En la cima rocosa su roja túnica ondeaba como un faro reluciente en medio de la desolación. Pasaría mucho tiempo antes de que el planeta absorbiera la lluvia, dejando nuevamente lugar para el repoblamiento.

El diluvio universal, como el Programador lo había determinado, había comenzado el día vigésimo séptimo del segundo mes del año seiscientos de Noé y había terminado el mismo día del mes de Julio, mismo en el que se posó la embarcación sobre las cimas del monte Ararat, completando la cuenta de cuarenta días y cuarenta noches de aquel entonces[1].

Consciente de su misión, Noé había prohibido a sus hijos traer a bordo cualquier artilugio que recordara a la nueva humanidad la tecnología depredadora que había conducido a los hombres al desastre. Siguiendo fielmente las indicaciones del Programador, solamente permitió traer a bordo las parejas de seres biológicos necesarias para asegurar la reproducción de algunas especies, terrazas de semilleros vegetales y una larga serie de probetas conteniendo cultivos de microorganismos unicelulares,

---

1.   Santa Biblia, Nueva Reina-Valera. Génesis 7:11 - 8:4.

que gracias a su hermafroditismo podían velar por ellos mismos en lo referente a su reproducción. Y guardados con infinito cuidado, Noé trajo consigo los mapas de cromosomas, verdaderas tablas de la Ley que esperaban el momento de ser utilizados para la reconstrucción total de lo viviente.

La urgencia de los tiempos no dejaba lugar para sentimentalismos: no sin pesar, Noé había dejado atrás a su anciana mujer y había conminado a venir a una jovencita que a duras penas había cumplido sesenta años bíblicos. Por su parte, sus hijos Sem, Cam y Jafet, habían seleccionado a las tres hembras que tenían las caderas más anchas y las cinturas más estrechas. Reunían las características necesarias para augurar una fecundidad ilimitada ya que no era un asunto cualquiera repoblar el planeta sin tener que recurrir a clonaciones o a fecundaciones *in vitro*.

Noé y sus hijos habían acondicionado el Arca siguiendo con exactitud los planos entregados por el Programador. La embarcación de tres puentes medía 135 metros de largo, 22.50 de ancho y 30 de altura y poseía solamente una ventana y una sola puerta, para hacerla aún más hermética. Naturalmente, estaba dividida en diferentes aposentos que albergarían tanto a las distintas especies como a los delicados cultivos de microorganismos y había sido construida con materiales ecológicos, madera resinosa de cedro y estaba sellada con brea por todas partes[2].

El mito del Arca de Noé y su Alianza con Dios, es una simbología que ha ocupado volúmenes enteros desde

____

2.   Opus Cit. Génesis 6:14, 15 y 16.

entonces. Para los sufíes «construir barcos» es sinónimo del aprendizaje de sí mismo y también de la acción práctica que resulta de esa enseñanza sobre el individuo y la comunidad. «Arca» y «barca» derivan de «baraka», una substancia energética, como la Gracia, elemento indispensable en la construcción de la «nave salvadora» de las especies. La «baraka», transmite la Energía de Luz (fotónica) adquirida en el retorno a los orígenes donde se renueva el pacto (Alianza) de la inteligencia humana con el programa original de la creación. Finalmente la «Nave» es parte de un simbolismo secreto que emplearon los «Constructores» medioevales, quienes ocultaron el lenguaje de la alquimia en las «naves» de las catedrales góticas[3].

Lamec, hijo del legendario Matusalén y padre de Noé, sabía muy bien que el destino de su hijo sería redimir a la especie humana. *Nos aliviará de nuestras obras y del trabajo de nuestras manos*, había dicho Lamec del recién nacido refiriéndose al grave daño que la humanidad estaba causando a la ecología del cosmos. El caos generado por esta ruptura del Orden Universal había acarreado la expulsión del Paraíso y la odiosa imposición del trabajo como forma de subsistencia.

El Gran Programador había anunciado varias veces que de seguir empeorando la situación de entropía, tomaría cartas en el asunto y castigaría a los hombres, eligiendo con tal fin miembros seleccionados entre las huestes de Ángeles Exterminadores, como se habría de llamar después a los Ingenieros del Sistema que efectuaban la función anti-virus dentro de los límites del sistema solar.

---

3.   Constructores: una Orden de los sufíes. «Maçons», (Masones) en francés.

La época era realmente caótica. Los gigantes remanentes de las humanidades pre-adámicas encontraban cada vez más difícil sobrevivir en un medio donde la correlación de las fuerzas naturales estaba reñida con la tecnología de los descendientes de Adán, que bien pronto sería apenas un oscuro y mítico recuerdo en el pasado de los hombres. Como los dinosaurios y todas las grandes especies proto-históricas, los gigantes estaban destinados a perecer, como lo atestiguarían posteriormente todas las tradiciones, desde la Epopeya de Gilgamesh hasta el Popol Vuh. Durante los últimos milenios el aumento de la gravedad se había hecho incompatible con su estatura y los gigantes se habían convertido en una especie jadeante, siempre próximos a la asfixia, hasta tal punto que mucho tiempo después, un hombre tan pequeño y de apariencia tan frágil como David daría muerte al último de ellos.

La ira del Programador se acentuó cuando los integrantes de un equipo de especialistas enviados desde el «más allá» (como decían los hombres cuando se referían a los territorios siderales que quedaban fuera de los límites de la Vía Láctea) cometieron una infracción de graves consecuencias genéticas para el universo. Contraviniendo expresamente lo estipulado por el Departamento de Población, estos hijos de Dios habían hecho el amor con las hijas de los hombres. El producto de semejante acto sexual *contra natura* fue una raza maldita, en cuyos individuos el ego se desarrolló patológicamente, hipertrofia que ocasionó bien pronto la amnesia que los indujo a creerse dueños y señores no solamente de la Tierra, también del universo mismo.

El asunto, además de absurdo era altamente peligroso, ya que una máquina biológica incapaz de conocerse a sí misma no puede interpretar correctamente nada de lo que la rodea, con las consecuencias catastróficas del caso. De cuando en vez algún profeta recuperaba la memoria como resultado de un don transmitido genéticamente o gracias al arduo trabajo efectuado sobre sí mismo, siempre relacionado con el entrenamiento de la humildad. Fue al final de ese camino que Noé pudo ver el Tiempo Circular, recuperó la memoria original y entendió la vanidad y la ignorancia de los hombres. Pero la voz de los profetas es siempre inaudible, por la misma razón que un hombre gritando en la cima de una montaña no puede ser escuchado por los habitantes del valle.

Una profesión ingrata si las hay, se dijo el Gran Ecólogo que seguía rumiando sus pensamientos desde la cumbre del monte Ararat, frente al inmenso mar que cubría todo el planeta. *La gente comienza a creer cuando ya es demasiado tarde, no pueden entender que cuando alguien recupera la memoria, ve el futuro también. En la Quinta Dimensión el tiempo se convierte en un espacio tan grande que abarca en un presente eterno todo lo que ha sucedido y lo que sucederá y ese espacio infinito es aquello que los hombres llaman eternidad.*

Dado el escepticismo generalizado entre los hombres de su tiempo, hacía más de cuatro siglos que Noé había decidido actuar en vez de predicar. En medio del caos reinante en el mundo y actuando cautelosamente en la clandestinidad, ya que los *videntes* son perseguidos con saña por los *invidentes*, el Profeta había decidido hablar lo menos posible con los hombres y fincar en cambio sus esfuerzos en reanudar el diálogo con el Gran Programador, posibilidad que los demás parecían haber perdido. Por otra parte, el error cometido por los especialistas extranjeros —que la gente había dado en llamar hijos de Dios— había acarreado una sensible pérdida de longevidad en los humanos, que apenas vivían ahora un promedio de ciento veinte años, tiempo que por supuesto, no les alcanzaba para nada. Desde entonces el tiempo de la vida celular del hombre no había hecho más que disminuir y es bien sabido que *un hombre que no tiene tiempo carece de existencia real*. Así que el temor de que su tiempo se terminara tan pronto, acrecentó su temor a la muerte y aceleró en los hombres su ambición, acrecentó su ignorancia y los condujo a hacer más disparates, lo que acarreó la natural congoja del Gran Programador y de todo su equipo de asistentes, ingenieros, diseñadores y artistas.

La leyenda hebrea del Golem, inscrita en un *midrash* hebreo, habría de parodiar esta infinita tristeza que milenios después Jorge Luis Borges pondría magistralmente, en boca de un rabino: *¿Cómo pude engendrar este penoso hijo y la inacción dejé, que es la cordura?, ¿Por qué dí en agregar a la infinita Serie un número más? ¡Porqué a la vana madeja que en lo eterno se devana, dí otra causa, otro efecto y otra cuita?*[4]

Fue movido por esta profunda pena que el Eterno anunció: *Raeré de la faz de la Tierra todos los seres que he ideado, desde el hombre hasta la bestia, desde el reptil hasta las aves del cielo porque me pesa haberlos creado.*

A pesar de la inconsciencia de sus congéneres, Noé decidió intervenir en favor de la preservación de las especies. Durante muchos siglos y en absoluto secreto profundizó en el estudio de la biología cósmica. Pero a diferencia de los otros hombres, que buscaban la verdad en lo externo, Noé buscó en su propio interior. Sabía que el hombre mismo es un Arca, un compendio de todo lo que existe en los cielos y en la tierra, en el micro y en el macro-

---

4.   Apartes de El Golem, poema de Jorge Luis Borges.

cosmos. Así que buscó hasta encontrar las instrucciones que habían puesto en sus cromosomas los asistentes del Señor, Ingenieros Genéticos especializados en la vida tal y como se dio originalmente en esta dimensión del universo. Noé bien sabía que todo lo que ellos podían hacer por él, era ayudarle a recordar lo que el mismo Noé tenía escrito desde hacía milenios en su código genético. Sabía también que el programa humano no podía ser modificado por el Programador mismo, que había incluído en él un libre albedrío y haciendo uso de esta prerrogativa fue como el profeta logró conocerse a sí mismo y entrar en contacto con la Verdad.

Este despertar de su Maestro interior ocurría en raptos de éxtasis profundo, cuando la voz divina se confundía con la suya propia. Asombrado, descubrió que la voz del Eterno salía de sus propias entrañas, en donde estaba grabado indeleblemente el programa esencial que en otros hombres habíase borrado definitivamente[5].

Noé trabajó durante mucho tiempo en la soledad absoluta, sumido en su propio microcosmos hasta recuperar la última palabra divina inscrita en sus ácidos nucleicos. Su misión era rescatar el Manual de Mantenimiento de la especie, perdido para la humanidad en algún oscuro recodo de su evolución. Para ello tuvo que viajar hacia atrás en el tiempo y limpiar su corazón hasta que fuera un espejo fiel de la Verdad y para lograrlo por una vía rápida se retiró

---

5. Noé simboliza al mítico salvador de las especies, en ese momento crítico para la evolución que constituye simbólicamente el diluvio universal. *En sí mismo (el Arca) guarda las especímenes que habrán de sobrevivir a la muerte* (El Diluvio). (De *La Odisea de la Luz*, RR, Martínez Roca, Ed. Planeta, 1997).

40

a una cueva en las montañas, y allí meditaba, realizaba ciertos ejercicios, respiraba conscientemente y salmodiaba letanías con el propósito de recordar[6]. Salía de su encierro periódicamente y en las noches de plenilunio sus hijos tocaban la flauta y los timbales para él, mientras contemplaban absortos la silueta de su padre recortándose en las dunas del desierto, girando la noche entera sobre sí mismo hasta que próximo el amanecer, caía exhausto de rodillas sobre la arena, las manos elevadas hacia el cielo estrellado, en un gesto implorante y sobrecogedor. Entonces exclamaba con estentórea voz, como ninguno lo había hecho antes que él: *Dichoso el hombre que sabe para qué ha sido creado.*

Hasta que un buen día El Eterno escuchó al profeta y accedió a pactar con él.

Ahora, meditando frente al inmenso mar que cubría toda la Tierra, Noé se preguntó si realmente había llegado al término de su misión. La tarde había llegado a su fin y el nuevo sol despedía en el horizonte visajes purpúreos que bien pronto se tornaron en mudos fuegos de artificio de insólita belleza. Extasiado ante su contemplación, el Profeta se dijo que la sola observación de los procesos naturales, el abrirse de una flor, el resplandor amoroso de unos ojos de mujer, la disposición de las estrellas en el firmamento, el espectáculo siempre embriagante de un atardecer y la maravillosa armonía de los colores correspondían a un sabio programa cuyo diseño incluía la unidad y la diversidad, el libre albedrío y la fatalidad, la vida y la muerte, en una zigzagueante dualidad que los hombres no lograban entender.

----

6.   El «Dikhr» (Memoria, Remembranza) es un ejercicio en forma de plegaria que practican los sufíes.

Noé se llevó una mano ahuecada a la cabeza y aguzó el oído. De la caleta donde había arrimado el Arca, que ahora lucía dorada por el atardecer, se elevaba una música de flautas, panderetas y timbales. Sus hijos habían comenzado la celebración.

Pero Noé no se movió. Seguía rememorando los acontecimientos que lo habían llevado a encallar en la cima de aquel monte. Recordó cómo la razón de los hombres había perdido la conciencia, olvidando que pertenecían a una especie desechable, como tantas otras especies que habían sido extinguidas en el curso de la evolución. A la vista del Eterno *la Tierra se había corrompido y estaba llena de violencia* y aunque el Señor había decidido destruir la vida biológica del planeta, él, Noé, había hallado gracia ante sus ojos. Así, que el Creador participó al Profeta su decisión de provocar un diluvio de agua sobre la Tierra, para destruir *toda vida bajo el cielo y a toda criatura con aliento* y le comunicó también que le permitiría salvarse junto con sus hijos y sus respectivas mujeres, como estirpe portadora de una semilla capaz de fecundar y dar a luz una nueva humanidad limpia de culpa.

Vino entonces la travesía sin rumbo, el Arca al garete de una marea siempre más alta, como una gran cáscara flotante que contenía la semilla de la vida. Los cielos se abrieron sobre la faz de la Tierra , fueron rotas las compuertas del gran abismo, las montañas quedaron cubiertos por el agua y murió todo ser que se movía, todo ser que respirara, que reptara o que volara y con ellos quedaron bajo el agua las refinerías y las sementeras, las chimeneas de las fábricas, las chozas de los pobres y las mansiones de los ricos, los silos atómicos, las pirámides y los rascacielos, la misma Torre de Babel y las Torres Gemelas, los templos y las centrales informáticas que los antropólogos del futuro describirían como ruinas de una religión desconocida, lo de ayer y lo del mañana, incluyendo también a los probos sin voluntad que en el tiempo han sido y que serán.

La visión del Profeta navegaba en el tiempo como lo había hecho en la superficie del gran océano, sin límite alguno y el tiempo se extendía ante él y tras de él como un sólido, como una piel que se desdobla, como el rollo de un pergamino que se abre. Y donde sólo existían antes los inconexos puntos de una historia olvidada, en la Quinta Dimensión encontraba una realidad simultánea y recurrente, enroscada sobre sí misma como una gran serpiente que se repite a sí misma interminablemente. Cuando esto sucedía con demasiada intensidad los oídos de Noé comenzaban a zumbar, su cabeza se convertía en un desordenado *panalcomio* y muy a pesar suyo una vaga aprehensión se apoderaba de su vientre.

¿Sería este el final de su misión o tendría que repetir su hazaña un infinito número de veces? —¿Tendría que rescatar la semilla humana una y otra vez, del agua, del fuego, del aire y de la furia desatada de los elementos? — ¿Perecerían nuevamente los hombres a causa de sus obras sin conciencia?

Recordó aquella vez que su mujer le había cuestionado acerca de la aparente injusticia del Eterno, que cuando castiga arrasa por igual con los humildes y los poderosos. Pacientemente Noé le explicó que una dimensión superior no reconoce individualidades en un cosmos inferior y que a los ojos de la eternidad todos somos iguales: *El Eterno actúa como tú lo haces, mi querida mujer: cuando te pica una hormiga levantas el pie y aplastas a todas las hormigas.*

Fue imposible para ella entender esa paradójica muestra de un Amor que no tiene nada de sentimental ni que ver con los amoríos de los humanos. Ignoraba que la justicia del equilibrio perfecto, cuyas causas y efectos estaba imposibilitada para ver, era la expresión de ese amor incomprensible. Este pensamiento sobre la culpa heredada y compartida, tan ajeno a la mayoría de los hombres y el recuerdo de la desolación que había segado la vida de todos ellos produjo en el Profeta un siniestro escalofrío. Pero a pesar del miedo que lo invadía sintió crecer en él un sentimiento indescriptible de compasión y de agradecimiento. Cayó de rodillas y una vez más elevó sus brazos al cielo en acción de gracias. El Profeta se dijo que era necesario sellar el pacto de paz entre El Eterno y la especie humana. A la mañana siguiente enviaría un cuervo para que observara si había huellas de vida en torno a la isla. Por ahora quería relajarse y descansar. La oscuridad envolvía ya la montaña y allá abajo resplandecían intermitentemente las luces de una fogata y la música se hacía más persistente, como un llamado ritual. Noé bajó a grandes zancadas la cuesta del monte Ararat para reunirse con los suyos.

El día siguiente, el cuervo estuvo yendo y viniendo hasta que el agua se secó sobre la Tierra, entonces el profeta construyó un altar de piedra y sacrificó varias cabras y un vacuno para dar gracias a Dios por los favores recibidos.

Era el año 601 de Noé, el primer día del primer mes, cuando éste decidió enviar la paloma. Decidido a romper los vetos para renovarse, el profeta había estado bebiendo sin parar desde la noche anterior. Sentado frente a su tienda sobre un mullido promontorio de tapicería, las mujeres bailaron para él esas danzas del Medio Oriente cuyas coreografías no han cambiado con el correr del tiempo, como no ha cambiado el hechizo de esas bailarinas que aún nos embelesan con el cadencioso movimiento de su vientre.

Embriagado por el dulce vino y la no menos embriagante presencia femenina Noé había hecho el amor con su mujer y también con las mujeres de sus hijos, sin que aquello atentara contra la moral ni los sentimientos de ninguno ya que en aquellos tiempos bíblicos el mandato de repoblación era más importante que el sentido de la propiedad privada. En determinado momento y sin pensar en las consecuencias, el Profeta, eufórico de vino, posó una mano febril en la paloma y díjole al tiempo que la enviaba volando hacia los cielos: *Ve a ver por mí, casta paloma, si la tierra da frutos nuevamente.* Ésta regresó sin nada, lo que indicó a Noé que todavía no germinaba vida sobre la Tierra, pero repitió la operación siete días más tarde y la paloma regresó muy oronda trayendo una rama de olivo en su pico.

Noé envió la paloma una vez más y esperó en vano su regreso. Era el día vigésimo séptimo del segundo mes del año 601 del patriarca y para entonces la Tierra se había secado totalmente y ya daba sus frutos otra vez. Noé celebró nuevamente, Sem tocó la flauta, Cam el timbal y Jafet la quijada de caballo y Noé bailó nuevamente de gozo con las mujeres, coronado de guirnaldas de flores y bebió hasta quedar exhausto y desnudo, las luengas y rizadas barbas adornadas como las de un sátiro.

La paloma mensajera no habría de regresar jamás.

La fiesta se había prolongado durante más de diez días y sus noches al final de los cuales Cam, avergonzado del comportamiento y la desnudez de Noé, corrió a llamar a sus hermanos quienes en vez de criticar a su Padre cubrieron respetuosamente su cuerpo con un manto. Cuando despertó, Noé maldijo a Cam y a toda su descendencia, por su púdica ignorancia. En cambio, el Profeta bendijo a los otros dos ante el Eterno. La moraleja de este maravilloso hecho también persevera a través de los tiempos. Aunque la desnudez sigue hiriendo el falso pudor de los fariseos y aunque la embriaguez y el hedonismo son estigmatizados por los fundamentalistas de toda laya, ninguno de ellos ha parado en cambio mientes en el gran error que cometió Noé en un momento de inconsciencia al elegir a la paloma como mensajera.

Es una broma cruel del Diablo la tergiversación de la historia y en efecto, la interpretación de este hecho bíblico sufrió luego distorsiones sin cuento y la ingrata paloma resultó siendo escogida como símbolo de la paz entre los hombres, quienes echaron pronto en saco roto a la ramita del olivo y estigmatizaron como agorero al cuervo.

Este trastrocamiento es mucho más siniestro de lo que parece si se toma en cuenta el sadismo y la crueldad que caracterizan proverbialmente a las palomas. Años después el mismo Noé pudo atestiguarlo cuando una falaz paloma posada sobre el alar de su casa se batió a duelo con otra de su especie, no se sabe si a causa de algún macho codiciado por las dos, si disputaban entre sí el espacio vital o la propiedad privada del techo de la casa o si la rencilla era causada simplemente por las puras aunque poco santas ganas de matar que conservan hasta el día de hoy algunos hombres y otros animales.

Haciendo gala de una siniestra agresividad, la primera paloma avasalló a la intrusa, pero en vez de darle una muerte súbita que le ahorrase sufrimientos, lo que hizo fue buscarle alimento, darle a beber gotas de agua con el pico para evitar que muriera, con el sádico fin de seguirla maltratando y picoteando durante mucho más tiempo. Alguien que observó únicamente la primera parte de la escena, concluyó que la paloma era un animal caritativo y bondadoso, pero Noé, que tuvo a bien seguir detenidamente todo el desarrollo del drama que se prolongó durante varios días, cayó en cuenta del grave error que habrían de cometer los hombres al elegir a la paloma, un animal sádico por naturaleza, como símbolo de paz. El Profeta sabía que cada gesto suyo en aquellos históricos momentos iba a constituir un ejemplo para la nueva humanidad. Aunque se trataba de un mal entendido —la historia siempre es tergiversada por los hombres— se sintió culpable al ver las consecuencias que acarrearía para la humanidad aquel momento suyo de inconsciencia inducida por el vino.

Fue en ese entonces, cuando Noé frisaba en los 950 años y poco tiempo antes de su muerte, cuando supo con certeza que los hombres olvidarían todo otra vez y que viviendo como de hecho lo hacían, en un mundo de ídolos falsos —o de símbolos equivocados— acarrearían otra vez su perdición. Poco antes de morir, como en un torbellino iluminado donde el tiempo se contraía y se expandía como una bestia jadeante, el Profeta vio como los semitas —descendientes de Sem, su amado hijo— se mataban entre sí en una guerra sucia que amenazaba con arrasar al mundo. La visión del profeta quedó truncada por la muerte. Uno de sus nietos intentó inútilmente cerrar sus párpados sobre esos grandes ojos que habían quedado muy abiertos, la mirada visionaria posada en esa región donde no hay tiempo ni espacio a la que el profeta había regresado definitivamente.

A la muerte de Noé, se extinguió el Arco Iris que el Eterno había instituido como verdadero símbolo de su alianza con los hombres y sólo de vez en cuando reaparece como un pavo real, haciendo la divina ronda de una Luz siempre inasible, como la inalcanzable paz que vanamente anhelan los hombres justos de la Tierra.

Amor a ciegas

¡Está bien claro que la prisionera es mía!
Reclamó el caballero rojo.
¡Sí pero luego vine yo y la rescaté!
Replicó el caballero blanco.

Lewis Carroll

La escena del secuestro rondaba en la memoria de la mujer con una recurrencia obsesiva. Se veía a sí misma a la salida del teatro, ataviada con sus mejores galas, escoltada por su prometido, sus suegros y algunos aburridos miembros de su influyente grupo políticos, quienes solían asistir a los eventos culturales con el único fin de hacer notar su presencia en las crónicas de los periódicos y en el noticiero de televisión que era propiedad de la familia. Como Elena lo sabía muy bien, las funciones de caridad siempre tienen objetivos que van más allá de remediar las desventuras de los necesitados.

Su futuro suegro era un ex-presidente de la república que había fijado todas sus aspiraciones en la continuación de su estirpe en el poder, así que a su hijo mayor, a quien todo el mundo conocía como el Delfín, le había tocado en suerte la responsabilidad de prolongar su ilustre apellido en el palacio de gobierno. Claro está que el lustre de aquel nombre se había empañado mucho con el correr del tiempo, salpicado como estaba por la sangre y el cieno que siempre deja como huella indeleble de su paso, la corrupción política.

Asistir a funciones de caridad era uno de los eventos que estaban en la lista de actividades destinadas a borrar de la opinión pública esas pequeñas manchas, *tan normales en la vida de un político, pero tan cruelmente juzgadas por el pueblo,* como había expresado alguna vez certeramente el abuelo del Delfín, también ex-presidente de la república, un hombre dotado de un gran sentido del poder, vocación que había sin duda inoculado a su progenie. El gobierno del abuelo del Delfín era tristemente recordado por la masacre de miles de campesinos, hecho que había desatado una guerra sin fin en el país. Cincuenta años después, la violencia iniciada por él y sus contendores políticos seguía desgarrando al país y la función de gala de la ópera de Boston que se había presentado esa noche en el teatro Colón, era, como de costumbre, en beneficio de los más recientes damnificados por la guerra civil, cientos de soldados lisiados y miles de refugiados campesinos sin trabajo, ni ropa, ni alimentos.

Una nube de fotógrafos y cámaras de televisión rodeó al selecto grupo a su salida de la función. El Delfín se había erigido como líder de la paz, demagogia en la que fundamentaba su campaña presidencial y Elena, en su futura calidad de primera dama era ya la presidenta honoraria de la Asociación de las Palomas Verdes —filial de The Green Doves, con sede en Washington— cuyo nombre por sí solo enunciaba la alianza entre la Paz y la Ecología, ambas figuras muy de moda y que supuestamente habrían de rescatar, en el próximo período presidencial, al desdichado país de la debacle. La realidad era que una vez extinguida la izquierda exquisita, cuyas filas fueron engrosadas por esnobs y oportunistas de primera fila, la vacante fue ocupada por una ecología exquisita, tan inoperante como la primera.

Los periodistas asediaban con preguntas al joven Delfín. No en vano egresado de Harvard, este respondía con la proverbial sonrisa norteamericana, que destilaba optimismo y democracia. Elena, cuya belleza era tema obligado de las crónicas sociales, actuaba con desparpajo ante las cámaras asumiendo esta vez el papel de embajadora de los derechos humanos —especialmente los de la mujer— cometido para el que había sido ampliamente preparada por las monjas del Mary Mount, en tres idiomas.

Los guardaespaldas rodearon al grupo familiar a la llegada del Mercedes color vino tinto que habría de transportarlos. Fue entonces cuando se oyó la voz ampliada por un altavoz, ordenando a los presentes guardar calma y no moverse. Simultáneamente aparecieron de la nada hombres vestidos en traje de fatiga, los rostros cubiertos de pasamontañas y empuñando armas automáticas. Siluetas de otros guerilleros aparecieron también en lo alto del teatro y en los edificios vecinos, cubriendo el área con armas de largo alcance.

Todo lo que Elena pudo recordar fue el ruido de disparos, el griterío de la gente y la desbandada general. Algunos cuerpos cayeron al suelo heridos por las ráfagas los unos, otros buscando protegerse. Elena sintió en medio de la confusión reinante que unos poderosos brazos la atenazaban. Dos encapuchados la llevaron casi a rastras hacia un automóvil que frenó bruscamente al lado del Mercedes y la forzaron a entrar.

El vehículo arrancó velozmente y se internó en el dédalo de la ciudad nocturna, desplazándose erráticamente mientras que el conductor mascullaba por la radio frases que ella no pudo entender. Luego el hombre habló dirigiéndose a uno de sus captores en el asiento de atrás.

Okey, compañera. Todo está bien, sólo tuvimos dos bajas. Vámonos a casa. Es hora de tapar las vistas de esta dama...

Elena nunca había pensado que uno de ellos podía ser una mujer. La aludida sacó de su bolsa de campaña una pañoleta y procedió a vendar sus ojos. Apretó demasiado el nudo atrás y la venda quedó muy tensa, maltratando sus sienes. Intentó quejarse, pero la mujer selló sus labios prestamente con una ancha tira de esparadrapo. Tras del pasamontañas, los negros ojos de la guerrillera brillaban con fiereza. Fue lo último que vio, porque a partir de entonces, Elena quedó sumida en las tinieblas.

* * *

Nunca había vuelto a ver la luz desde entonces. En medio de las tinieblas de su largo cautiverio Elena había perdido totalmente la noción del tiempo y vivía en un mundo de dimensiones desconocidas, en donde sus sentidos habían adquirido capacidades extrasensoriales: los sonidos y los olores habían tomado proporciones ignoradas, el tacto le indicaba texturas que antes no habían existido para ella y un sexto sentido que no podía definir le indicaba certeramente lejanías y proximidades. Su visión interior se agudizó y alucinaba rostros desconocidos, imágenes, hechos, cosas y personas que nunca habían pasado por su imaginación. Se sabía capaz de soñar el futuro, de revivir el pasado y de crear universos paralelos al suyo propio.

En la oscuridad percibía fuegos fatuos, luces de bengala, símbolos sagrados, estrellas de firmamentos desconocidos, colores inéditos. Y muy a pesar suyo, sueños insomnes poblados de un erotismo desaforado, la asediaban día noche.

En un principio creyó volverse loca, pero con ayuda *del hombre* había logrado conservar el precario equilibrio de su mente. ¡Llámeme Alejandro!, le había dicho una vez, pero para ella el individuo sin rostro que estaba encargado de su vigilancia seguía siendo «el hombre». No sabía quién era, pero sabía todo de él. Reconocía su andar mucho antes de que se aproximara a la puerta de su celda, y podría decirse que percibía su presencia a través de las paredes. La calidez de su voz, que al principio odió, la inundaba ahora de una especie de avergonzado regocijo. Su olor a macho, denso y almizclado, que repudiara en un principio, con el paso del tiempo se había convertido en un aroma que había llegado a disfrutar a pesar suyo. En pocas palabras la presencia *del hombre* al lado suyo se había convertido para ella en una verdadera adicción, lo que era comprensible ya que *el hombre* era su único contacto con la realidad exterior, el único diálogo posible y también el único paliativo para su soledad.

Cuando Elena lograba retornar al mundo razonable —que ya llamaba para sí el «mundo de antes»— la antigua Elena, la prometida del candidato presidencial, no podía entender cómo el lógico sentimiento de repulsión que debía causarle uno de sus captores se había convertido en este gozo indefinible que la nueva Elena, Elena la ciega, la cautiva, la anónima Elena ansiaba tanto.

Se sorprendía a sí misma al constatar que en su prisión gozaba de una libertad de pensamiento que no había disfrutado nunca antes, sometida como lo había estado desde niña a los preceptos morales y a la acartonada parafernalia social de su familia. Si bien carecía de visión y no tenía libertad de movimientos, su capacidad de soñar en medio de la oscuridad y del encierro no conocía límites y era esta una experiencia totalmente nueva que había terminado por embriagarla definitivamente.

Sabía que estaba recluida en una habitación de regular tamaño, dotada del mínimo de enseres: un camastro, un par de sillas y una mesa. El estudio contaba con un amplio cuarto de baño, dotado de lavamanos, ducha y una bañera dotada de *jacuzzi*. Por supuesto, no había ningún espejo. Elena conocía palmo a palmo su prisión, la sabía sin ventanas, ni cuadros, ni adorno alguno adosado a la pared. Era sin duda un sitio expresamente construido como cautiverio, con la clara intención de mantener al huésped-mercancía en condiciones confortables y dedujo que debería pertenecer a una casa ubicada en las afueras de la ciudad, ya que ningún ruido llegaba hasta ella, salvo los anhelados pasos de su «ángel guardián». Un sistema de calefacción automático mantenía estable la temperatura dentro de la habitación y un extractor de aire ventilaba periódicamente la habitación. La única puerta, metálica, poseía una estrecha ventanilla por la cual sus captores deslizaban los alimentos y las cosas de primera necesidad, tales como ropa, tendidos, jabón y artículos de higiene personal. Un tocadiscos portátil y algunos compactos que *el hombre* había traído a pedido suyo, las partitas para chelo de Bach, el concierto 21 de Mozart, el Adagio de Albinoni acompañaban sus ensueños. Y desde hacía algún tiempo, Pete Fountain y Jobim, las síncopas del *jazz* y del *bossa* viejo ritmaban sus noches de amor, que, por supuesto, podían tener lugar a cualquier hora del día.

54

No sabía muy bien cómo ni en que momento había comenzado a hacer el amor con su guardián. Lo que sí tenía muy claro es que era ella quien había hecho los avances, la que había seducido. El hombre había respondido en un principio a su reclamo sexual con una destreza profesional no exenta de ternura. Pero ahora lo sabía involucrado. Lo intuía con ese agudo sentido de la posesión que tienen las hembras al saberse poseídas. La loca idea de convertir a su captor en prisionero, (tal vez de usarlo como un peón hacia la libertad) la había impulsado a desplegar la sutil telaraña de sus encantos femeninos. Pero con el justificado enojo de los conquistadores conquistados, no tardó en darse cuenta de que había sido víctima de su propia argucia y que los brazos de ese hombre sin rostro eran una prisión mucho más hermética que la misma en que estaba confinada.

Achacaba a una irremediable tendencia masoquista su languidez, el *laisser faire* que su padre le había criticado tanto. Pero si bien se rebelaba en contra de su proclividad a ser más objeto que sujeto, también era cierto que aceptaba gustosa las situaciones inermes, que siempre habían producido en ella un goce que se acentuaba gracias a los sentimientos de miedo a lo desconocido y a las vagas aprehensiones que la caracterizaron desde pequeña. En cierto sentido siempre amó el peligro. En otras palabras Elena era una mujer romántica y esto le confería ese aire un tanto soñador y desconcertado que atraía como un remolino a los hombres que se habían asomado fugazmente a su vida.

Su futuro marido correspondía a otro orden de cosas. Su formación sajona y el ampuloso estilo familiar habían hecho de Bernardo Izaguirre Shaw un nuevo ejemplar de cibernética. Las acciones de su marido estaban amordazadas por un racionalismo estrecho: Bernardo era la negación de la aventura, de lo romántico y de todo lo que no correspondiera a los cánones académicos y a los datos estadísticos que conformaban su pobre bagaje de valores. No podía negarse a sí misma que su relación con él estaba inspirada por su propia proclividad hacia el protagonismo y el poder. Porque Bernardo Izaguirre Shaw era un ejemplar clásico del mal llamado sexo fuerte y lo que podía ofrecer como ser humano era muy poco. Aficionada desde la adolescencia a aventuras sin secuela y a fugaces encuentros, Elena buscó inútilmente en su medio social a un hombre que fuera capaz de satisfacerla, hasta que renunció a ello y trocó su frustración por la escenografía social que le fuera ofrecida para que actuara en el papel de prometida del Delfín, presidenta de la Fundación de las Palomas Verdes y futura primera dama de la nación. La legendaria imagen de Jaqueline Kennedy se convirtió entonces en el modelo a seguir, ya que el de Evita Perón era considerado de mal gusto entre sus familiares, que no gustaban de los «tangos populistas».

Tal era la Elena de antes. Porque la de ahora era simplemente una mujer y paradójicamente ese encuentro consigo misma se lo debía al cautiverio y a su ceguera obligatoria, que la había conminado a verse interiormente y luego a aceptarse tal como era. Si alguno de los suyos pudiera verla ahora, diría que Elena había sido víctima de un lavado de cerebro. Después de los crueles y tormentosos primeros días de encierro, que amenazaron con volverla loca y conducirla al suicidio, Elena, con ayuda de *el hombre,* fue tomando paulatinamente las riendas de sí misma. Repasó toda su vida, reviviendo los momentos cruciales en un verdadero autoanálisis que le había provocado crisis histéricas e innumerables accesos de llanto, después de los cuales invariablemente encontraba un lenitivo en las caricias de su amante.

El hombre sin rostro poseía una voz de tonalidades bajas y aterciopeladas, como un violoncelo. Susurraba a su oído cosas hermosas y terribles mientras que sus manos palpaban, acariciaban, estrechaban, haciendo sonreír su piel. A su influjo Elena se abría como una flor y exhalaba como ellas, las flores, un aroma que sólo sus sentidos exacerbados podían discernir. Un olor intenso, que emanaba de la espesura tropical de su piel, viva ahora como una selva de poros y papilas. Las manos del hombre exploraban en ella con la seguridad de los veteranos y la ternura de los niños. Ella a su vez, con esa sabiduría heredada que poseen ciertas mujeres, se internaba en la jungla vellosa del cuerpo de su amante, y sentía como una creciente lluvia interior la humedecía. Entonces su aroma y el de ella se fundían como cuerpos etéreos que hacían su propio amor, entrelazándose tan estrechamente como ningún cuerpo físico podría trenzarse a otro cuerpo jamás.

En su mundo extrasensorial, no había cabida para pensamientos tan pobres como su pretendida libertad. Sin embargo, en los entreactos de su drama amoroso, las informaciones que le procuraba su amigo y carcelero la indujeron a pensar que en el mercado de valores del mundo exterior su precio era muy inferior al de un acción del Country Club. No pedían dinero a cambio ella, ni concesiones políticas importantes, tampoco perseguían objetivos estratégicos o militares. Sus captores sólo querían publicidad: sentar un precedente de poder ante el país, coaccionando a los futuros familiares de Elena para que hicieran pública la actitud de los rebeldes. Pedían un espacio en el noticiero de televisión que era propiedad de su suegro, algo totalmente inadmisible para el establecimiento y para la orgullosa estirpe de los Izaguirre. La candidatura del Delfín se vería seriamente afectada y la respetabilidad del establecimiento, ya maltrecha, rodaría por los suelos.

Los Izaguirre, bajo el disfraz de un patriotismo inexistente, eran reticentes a pagar un rescate cuyas consecuencia excederían en mucho el valor de la vida de Elena, que al fin y al cabo era solo un peón, más bien una reina destronada en el tablero de ajedrez de la política.

Esta certeza se sumó a la toma gradual de conciencia de sí misma que Elena había enfrentado en las tinieblas de su encierro. Y otra gran verdad se le hizo patente: si su vida no representaba nada para su gente, menos significado podía tener para sus captores, para los que sería dar muestras de debilidad regresarla sana y salva sin obtener lo que pedían a cambio de su vida. Ante este camino de una sólo vía, Elena sólo podía escoger vivir el tiempo que le quedara, con toda la intensidad posible. Así lo había hecho saber a su ángel guardián, quien sorpresivamente estuvo de acuerdo con ella:

—Estás en lo cierto, muchacha, no hay otra salida. La única disyuntiva es que seguramente los señores del gobierno enviarán un opcrativo para «rescatarte». Es algo que tienen que apresurarse a efectuar, so pena de quedar como unos idiotas ante la opinión pública. Pero en el momento en que eso suceda, yo mismo me encargaré de matarte.

—Lo sé muy bien, asintió Elena. Al fin y al cabo tu y yo sólo somos engranajes de maquinarias diferentes.

—Eso es válido sólo para allá afuera, dijo el hombre. Aquí adentro somos absolutamente libres y únicamente dependemos de nosotros mismos. A veces pienso que eres muy afortunada. Cuando la mayoría de las personas llegan a la muerte, ya son seres sin vida. Tu tendrás la oportunidad de morir en posesión de todos tus sentidos.

—Menos el de la vista, mi querido ángel guardián.

—Ahora ves cosas que antes ni siquiera soñabas que existieran... tus ojos te han enseñado a ver por dentro. Lo cual no es nada nuevo. ¿Sabes que los Yogas duran años perfeccionando lo que tu has logrado en un tiempo muy corto? Ahora eres capaz de navegar más allá de los sentidos, conoces dimensiones que escapan a la mayoría de la gente que lleva una vida «normal». Sabes, como los bonzos que hacen de su cuerpo una hoguera, que no puedes morir, que no morirás jamás.

Elena se estremeció. *Vaya una especie rara de carcelero que me ha tocado en suerte,* dijo para sí. Lo que el hombre decía era terriblemente cierto y provenía de una dimensión desde donde los problemas cotidianos, tales como su rescate y la candidatura presidencial de su prometido eran parte de un mundo de marionetas movidas por el ego en el estrecho mundo de la producción, el consumo y el poder.

—¿Pero qué hace un hombre como tú metido en este papel de cancerbero?, atinó a decir—. No me digas que te impulsa un ideal político, eres demasiado inteligente para creer todavía en la lucha de clases a no ser que quieras redimir lo que la aplanadora de la Perestroika redujo a cenizas hace tiempo. ¿Qué te hace militar entre esta gente hasta el punto de convertirte en asesino?

—Esas son palabras muy fuertes, Elena. Cancerbero, asesino. Tu sabes que soy un carcelero que ha conseguido llevarte hacia la libertad y un asesino que te abrió las puertas a una nueva vida. Cada quien tiene su misión en este mundo y yo soy algo así como un ángel exterminador, si tu quieres, una herramienta de la justicia cósmica...

—Ese cuento lo he visto en muchas películas de televisión, angelito. Ustedes son una banda de terroristas, no hay ya ninguna ideología posible que les sirva de pretexto. Una vida no cuenta mucho para ustedes.

—Yo sólo respondo por mí mismo, por mis propios valores. Tú ya no puedes responder por ellos, los de tu clase. Cuando estés muerta, mi querida Elena, esos fantoches que te han traicionado seguramente erigirán un busto tuyo en alguna de las avenidas céntricas de la ciudad. Harán de tí una heroína, una mártir del establecimiento, escritores notables escribirán reportajes novelados sobre tu ordalía y los medios de comunicación recordarán periódicamente tu memoria. Sin embargo en este país son torturadas y mueren asesinadas cientos de miles de personas anónimas. Son ya parte del paisaje nacional. Si se erigiera una estatua a la memoria de cada una de esas personas muertas, llenarían todas las calles de la ciudad... pero nadie escribirá siquiera un panfleto sobre su tragedia.

—Tú me has enseñado que estas cosas suceden porque el mundo es así. Los carnívoros no sólo matan para comer. También lo hacen por gusto. Los pájaros son crueles por naturaleza. Los hermosos colibríes son aviones de combate... tú me has hecho entender porqué Jesús dijo que su reino no era de este mundo. Pues bien, el mío tampoco.

El hombre tomó el rostro de Elena entre sus manos. Ella se sumió en el profundo remolino de su beso, y trató de imaginar el rostro del hombre tal y como su tacto lo había retratado en su mente, pero sólo obtuvo un caleidoscopio de rostros cambiantes, morenos y rubios de perfil agudo, ojos rasgados negros y azules, rostros de rasgos tallados a cincel, esculpidos con dureza, cubiertos con una máscara de correosa piel curtida por muchas intemperies. Comenzó a navegar nuevamente en un océano cuyas oleadas la conducirían irremediablemente a ese rosario de orgasmos que el hombre sabía prolongar indefinidamente, situándola en ese mundo donde los pensamientos eran imposibles, el tiempo no existía y el espacio estaba hecho de un amor que inundaba su tenebrura de una luz infinita.

«El orgasmo es una puerta abierta a la libertad, una dimensión donde los contrarios no existen», le había dicho un día de su larga noche el extraño carcelero. «Prolongándolo se llega al mundo real, a la dimensión del amor y de ella sólo nos separa nuestro pensamiento. Abandónate, Elena y traspasarás el umbral...»

Ella había aprendido con él la técnica del abandono, el cómo olvidarse de sí misma y sumirse en su compañero para después formar parte de un todo inexpresable. Y así lo hizo una vez más, permitiendo que sus pensamientos se disolvieran en la nada de su creciente sensación.

Las detonaciones interrumpieron bruscamente su camino hacia el éxtasis. Los dos sabían que ese momento habría de llegar tarde o temprano y que los organismos de inteligencia del gobierno habrían de dar con su escondite. Sintió como el hombre se retiraba de ella dejando un inmenso vacío en sus entrañas. Imaginó al hombre levantando la pistola y casi enseguida sintió el frío metal del arma apoyado en su sien. El momento de su liberación definitiva había llegado.

Esperó la detonación que habría de terminar con su vida, pero presintió un titubeo, un ligero temblor de la mano que empuñaba la pistola. El disparo no llegó jamás. Hubo en su lugar una explosión que debió de hacer pedazos la puerta de metal, luego jadeos, ruidos de lucha y por fin, otro disparo. Luego una voz imperiosa hirió sus tímpanos, acostumbrados a las inflexiones aterciopeladas de su carcelero:

—Desaten a esa mujer—. Pero no le quiten la venda todavía, podría quedarse ciega al ver la luz.

EL SAMURAI Y LA SOMBRA

Sabe que tras de la técnica
Está el espíritu
Ya viene el atardecer
Abre el telón
Y verás la luna
En todo su esplendor.

Yagyu Tajima

El barrio de *Shinjuku* es el corazón de los negocios del mundo. Su arquitectura translúcida se eleva en rascacielos de una estética cimbreante, su hipermodernidad creando una suerte de nuevo mundo ojival, en donde la idea fusiforme no hace más que trasladarse de lo gótico a lo aerodinámico, ambas flechas sin tiempo apuntando al cielo como lo hicieran antes catedrales y pagodas, siempre expresando el universal anhelo de los hombres por retornar a las estrellas.

A ras del piso una multitud hormigueante no mengua ni de día ni de noche. Y a decir verdad, *Shinjuku* tiene para los noctívagos un encanto especialísimo, mucho más que el mismo Broadway, aún más tachonado que este de luces y plagado de misterio, verdadera encrucijada oriental con el futuro. La vegetación pónica, la cibernética, los rayos lásser y la realidad virtual de los hologramas acechan desde los escaparates que cambian todos los días su elenco de actores robots conformando un teatro callejero de ciencia ficción, cuya puesta en escena se desarrolla bajo la cascada de luces multicolores que iluminan siempre las calles de Shinjuku, el barrio sin noche.

Miles de trampas acechan al transeúnte, los *Pachinkos*, casinos electrónicos que animan a tentar la esquiva suerte, el delicioso *sushi*, la venta de anguilas que bucean en acuarios callejeros, los cafés, restaurantes, clubes nocturnos y todos los embelecos habidos y por haber, incluyendo la oferta de las mil y una noches depravadas del lejano oriente. Durante las noches de verano, el ruido que hacen las sandalias *zöri*, que usan los miembros de la *Yakusa*[1], cuyo peculiar rastrilleo no puede ser nunca confundido u olvidado, anuncia la presencia de algún grupo de la milenaria cofradía, todos impecablemente vestidos de blanco, rodeando solícitos a algún personaje de edad avanzada y apariencia arrogante, deteniendo el tránsito a su paso y obteniendo los mejores sitios en los restaurantes, recibiendo la solicitud instantánea de patrones y meseros que ejecutan a su paso largas, profundas y respetuosas reverencias. La *Yakusa* es el remanente de antiguos pactos feudales, el a veces socio y brazo armado de los antiguos *Shogunes*, sus mercenarios y sus *Ninjas*, de la repartición no escrita del poder y de la supervivencia de escuelas secretas de combate como la *Shinkaje Ryu*, en las cuales la estrategia y el arte de

---

1.   La mafia japonesa.

guerrear se siguen practicando. Porque aquí, en el Japón, todo es moderno y nuevo y reluciente y muy antiguo, *salvajemente sofisticado* porque el tiempo esencialmente no ha pasado y la rancia identidad, las castas, clanes, sociedades secretas, el culto a los antepasados, la cercanía con la muerte y el añejo sentido del honor siguen tan vivos como lo estuvieron en épocas de *samurais*.

Cualquier fin de semana, durante un festival de verano, todo este despliegue de modernidad habrá desaparecido para dar sitio a la celebración ritual y entonces los cientos de miles de hombres y mujeres de apariencia gris y comedida, los famosos androides amarillos que pueblan cotidianamente el Metro de la ciudad de Tokio, esos ejecutivos puntuales y perfeccionistas, fabricantes de la tecnología más moderna y señores de la informática, habrán dejado de lado su *broken english* y los portafolios para transformarse en guerreros medievales de cuerpos de acero. Y las tímidas mujeres de *entresemana*, visten entonces cortas *Yukatas* que dejan al aire sus muslos ebúrneos y las torneadas piernas. Los senos erguidos y los ojos brillando como carbunclos se aprestan con sus hombres, atletas cubiertos sólo por un pantaloncillo como los luchadores de *Sumo*, a llevar en andas los ídolos abstractos del *Shinto*, mientras otros tocan, tañen y percuten instrumentos sagrados, precedidos de una multitud que sigue el cortejo mientras danzan —con las manos— una coreografía ancestral. A uno no le queda más remedio entonces que sentirse tan asombrado como debió estarlo Marco Polo, una vez más extasiado y maravillado ante esta cultura casi extraterrestre, la de nuestros «marcianos de las antípodas», los japoneses.

Al comenzar la semana todo habrá vuelto al traje occidental, al silencioso y afanado pulular de hormigas atareadas y el país seguirá siendo esa *gestalt* de alma colectiva que es el pueblo del Japón. Todo habrá vuelto a la modernidad muy relativamente: en la ventanillas de los bancos más poderosos el ábaco no ha sido reemplazado por las calculadoras y entrar a una casa tradicional japonesa es penetrar en la Edad Media. Porque en todo el Japón y en este mismo ajetreado y reluciente barrio de *Shinjuku* se abren puertas al pasado, vías de acceso a las dos dimensiones paralelas, la tradición y la modernidad, que caracterizan al aún Imperio del sol naciente. Y ahí reside el secreto de su eficacia, que deja atónitos a los occidentales: los japoneses construyen el futuro sin abandonar su pasado.

Una de estas puertas al pasado se abrió para mí ya entrada una noche. Deambulando en medio de la gigantesca feria que es *Shinjuku*, divisé de repente un pórtico construído al estilo antiguo japonés, a todas luces incongruente en medio de las luces de neón. Nunca había reparado en él hasta esa noche. De dimensiones modestas, como queriendo pasar inadvertida, la arcada de corte medieval daba acceso a un sendero empedrado que se adentraba en la oscuridad. Su sola presencia era misteriosa y exótica en medio de la modernidad. Con algo de aprehensión seguí el camino, alejándome poco a poco del ruido y de la brillantez. No tardaron en aparecer a lado y lado de la vía algunas casitas de estilo clásico, construídas en madera y exhibiendo faroles de papel en las fachadas. En su interior reinaba gran animación y grupos de hombres bebían y discutían acaloradamente, atendidos obsequiosamente por mujeres ataviadas en *kimonos* floreados, al estilo de las *geishas*. Incrustado en la monumental arquitectura de *Shinjuku*, el sitio semejaba algo así como el rincón *bonzai* del barrio.

De algunos lugares se escapaba música japonesa moderna, de otros, el sonido ancestral del *koto*, el *samisen*, la flauta de bambú y percusiones. Por un momento me creí en una especie de pequeña *Yoshiwara,* que fuera la zona roja tradicional de Tokio. No tardé en notar que yo era el único extranjero en las inmediaciones, sin embargo nadie parecía reparar en mi presencia. Después de merodear un buen rato, decidí entrar a uno de los pequeños establecimientos, que abría una terraza de madera a manera de bar hacia la calle. Me arrimé a la barra de bambú, con ánimo de pedir algo de beber. La mujer ataviada de *kimono* ni siquiera esbozó una sonrisa cuando me negó el servicio: «*No gainjins*», dijo lacónicamente. «*Extranjeros, nó*».

Sin embargo había podido entrever la presencia de algunos occidentales departiendo con japoneses en el lugar. Ostentosamente atendidos con esmero, uno que otro con el rostro enrojecido por los efectos del *Soshiu,* del *Sake* o del wiskey *Suntory,* lucían sin embargo incómodos y mal sentados en el suelo, sobre los *tatamis.* Cambiaban de postura a cada rato, adoptando posiciones poco estéticas, en tanto que sus anfitriones se encontraban muy a sus anchas, sobriamente sentados sobre los talones, las piernas plegadas bajo los muslos, a la usanza japonesa. Hice con la mano un gesto inquisitivo. La mujer me miró de reojo, sin abandonar ese aire de fingida indiferencia que los japoneses denominan *sumashita kao* y meneó impercetiblemente la cabeza. Entendí que aquellos contados *gaijins* podían estar en aquel lugar porque se encontraban en compañía de japoneses y seguramente habían sido traídos por ellos. Eran sus huéspedes y la proverbial hospitalidad nipona indefectiblemente trata a los invitados principescamente. Mi caso era diferente. Yo era tan solo un don nadie, sin las credenciales que la amistad o el respeto proporcionan para transgredir sitios privados. No se trataba de un desaire, simplemente me había topado con un sitio cuyo protocolo me era ajeno, aquella no era una *kuruwa* o casa de mala nota como algún extraño hubiera podido pensar en un principio.

No necesité golpear otras puertas para entender que el código era el mismo en todas partes: *no gaijins*. Así que progresé en mi camino por la callejuela empedrada: las casas se hicieron más escasas hasta desaparecer por completo, el rumor de la música se extinguió y la iluminación de los faroles dio paso a la luz tenue de la luna, que se filtraba por entre las ramas de un bosquecillo de bambú. Una brisa salida de la nada pasaba susurrando entre los cañas produciendo un rumor leve, como un aletear de mariposas nocturnas.

La magia del lugar me embargó y me adentré por el sendero de piedra, por entre el bosque de bambú. Había oído decir que algunos *Roshis* habían diseñado bosques como este, con el fin de recrear en el caminante una sensación similar al *Satori*, o estado de conciencia iluminada que los había embargado siglos atrás, coronando sus esfuerzos de muchos años. No podría describir la sensación que entonces me invadió, salvo en el sentido de que todo lo que me rodeaba pareció adquirir una vida propia, nítida e indepediente y que el lugar entero, nimbado por la luna, parecía pertenecer a otra dimensión. No era un sitio de este mundo. Por lo menos, no del mundo como lo solemos ver todos los días.

La sensación se acentuó cuando el sendero desembocó en una plazoleta circular. Un pequeño lago de forma irregular, salpicado aquí y allá de blancos lotos rodeaba la estructura de un templo que levantaba su grácil silueta en medio del bosque de bambúes. Un puentecillo de piedra comunicaba con la entrada del templo, que parecía descansar sobre el agua. Ahora el viento movía de vez en cuando una campanilla que no alcanzaba a divisar. Me acomodé sobre una piedra, flexionando las piernas y colocando las manos en actitud de recogimiento cuando el antiguo poema irrumpió en mi mente:

Todo su cuerpo una voz:
colgada del espacio
no se ocupa la campana
de la dirección del viento.
Oriente, occidente, norte o sur
siempre entona su sabia canción:
Ding Dong Ding Dong
Ding Ding Dong

Con lo ojos bien abiertos, firmemente anclada la conciencia en mi interior y la mente vacía de pensamientos, me sentía en el estado que es usualmente descrito como *la posición de la rana*, que en medio de su quietud apacible está sin embargo totalmente alerta para atrapar una mosca. Ahora la campana, el viento y el sonido, el bosque de bambúes, el reflejo de la luna en el lago y el universo entero éramos una sola y misma cosa. Me invadió una serenidad alerta y fue entonces cuando las siluetas irrumpieron calladamente en el templo.

La luz de la luna proporcionaba a los cuatro jóvenes una apariencia espectral; vestían todos de negro y los cabellos largos y la esbeltez del talle evidenciaron a una mujer entre ellos. Calladamente se dirigieron hacia el atrio y allí se depojaron de los abrigos que los protegían del viento otoñal. Luego procedieron a colocar en sus frentes unas bandas de tela blanca estampadas con el símbolo rojo del sol naciente. Extrajeron del interior de unas bolsas de tela un par de arcos con sus respectivos *carcajs*. Uno se dirigió al otro extremo del atrio, colocó allí un delgado trozo de madera circular y retornó para ponerse a la altura de su compañero en tanto que el tercero trepaba como un gato nocturno a un árbol desnudo de hojas para quedar allí, estático, como una rama vertical. La mujer, que lucía una blanca *yukata* se situó en medio del atrio, frente a la puerta del templo y esperó.

El sonido de la flauta rasgó la noche haciéndome estremecer. Era una nota aguda y palpitante que se prolongó hasta el máximo, quebrándose luego en un sollozo de infinita melancolía. Los contendores hicieron una profunda reverencia, la mujer inició una lenta danza con las manos y trepado en el árbol, el flautista siguió hilvanando la extraña melodía. Su aliento se confundía con el instrumento hasta el punto de que no había diferencia entre uno y otro, tal era la frecuencia abismal del sonido, a veces gutural, otras etéreo, que emergía desde lo más profundo de su ser.

El transcurso de las flechas fue apenas un susurro que acompañó la danza vertical de los arqueros. Sin preocuparse por dar en el blanco, como actuando en cámara lenta, enviaban sus flechas sin apuntar siquiera. Una a una se iban clavando certeramente en el blanco y con un breve chasquido daban fin al fugaz vuelo. El sonido de la cuerda de un arco al distenderse era un bajo continuo que se ligaba con el sonido del otro, en una secuencia sin solución de continuidad.

La meta del *Kyudo*[2] no es dar en el blanco sino convertirse en la flecha. La técnica consiste en la ausencia de meta y en la entrega total a la acción: esto logra la perfección y hace una sola cosa del arma y quien la «tañe», tal como un

____

2.   El camino de la Arquería Zen.

70

músico se entrega a su instrumento, tal como el pintor se convierte en su pintura y el amante en el ser amado. En el *Zen*, el *Samurai* es la espada y el arquero, la flecha.

> *No hay un blanco ante mí*
> *Ni arco alguno.*
> *Ya la flecha abandona la cuerda:*
> *Tal vez acierte o tal vez no*
> *Pero jamás puede equivocarse*[3]

Las palabras habían sido pronunciadas por alguien ubicado tras de mí. El hombre se había expresado en el inglés entrecortado que suelen hablar los japoneses. No me dí vuelta para verlo, en parte porque la situación era tan tenue que un movimiento superfluo bastaría para desmoronarla. Y también porque sabía que en el Japón es una forma de respeto no demostrar curiosidad.

En el proscenio improvisado la secuencia continuó por algún tiempo, al cabo del cual los actores, tras un breve momento de meditación, tomaron sus bártulos, pusiéronse sus abrigos y se dirigieron en derechura hacia el sitio donde yo estaba sentado. Sin embargo, no parecían verme y sus cabezas respetuosamente inclinadas al caminar, sólo se levantaron después de hacer una profunda reverencia al hombre que se encontraba tras de mí. Sólo se irguieron nuevamente cuando éste dio una palmada cuyo eco reverberó largamente en el lugar. Los muchachos levantaron sus torsos sin elevar la mirada más que un instante hacia

____

3.   Bokkoku Kokushi, Zen Roshi de la Era Kamakura.

el personaje que yo no podía ver y después de dar unos pasos hacia atrás, hicieron una nueva reverencia y se dieron vuelta para retirarse por el sendero del bosque hasta desaparecer.

Permanecí largo rato en silencio, hasta el punto de dudar que hubiera alguien tras de mí. Así que tratando de no perder la compostura, me levanté despacio y dí la vuelta. El hombre estaba ahí de pie y levemente inclinado, el codo de uno de sus brazos apoyado en una rodilla, la otra adosada al mango de una *katana*[4] que sobresalía a la altura de la cintura de su *hakama*[5] anaranjada. Una sonrisa indefinible daba vida al rostro oval, ornado de un lago bigote que se confundía con una barba larga y puntiaguda, a la usanza de los antiguos sabios chinos, el todo coronado de una cabeza rapada cuya monda superficie reflejaba el brillo de la luna.

La sonrisa se transformó en una carcajada cuyo eco retumbó en la noche. Liberando sus manos, palmoteó con ellas sobre sus muslos alocadamente. Evidentemente, algo parecía divertirle. Y por lo que pude fácilmente colegir, ese «algo» era yo.

—«Apuesto a que no sabes si estabas soñando o si lo que has visto es realidad»— me espetó abruptamente haciendo caso omiso de todas las reglas que la urbanidad japonesa recomienda al tratar con desconocidos. A pesar del arma que portaba, se hubiera dicho que aquel hombre era una curiosa mezcla de bufón y alguna cosa más, que no pude definir concretamente.

4.　　Espada larga.

5.　　Túnica de cuatro pliegues usada por los danzantes de Kendo.

—«Los *gaijins* nunca saben si están dormidos o despiertos», expresó en un tono que podía ser peyorativo.

—No pueden diferenciar los sueños de la realidad... esos jovenes eran bien reales, por supuesto. Estudiantes que suelen venir a este lugar con el fin de ejercitarse en algunas disciplinas esenciales de las que yo soy su maestro. Por supuesto que también estudian otras cosas. La jovencita es realmente bailarina y el flautista estudia en el conservatorio de Kioto. Los dos arqueros serán bien pronto ingenieros de sistemas uno y el otro, un biólogo especializado en ciencias del medio ambiente. Hay otros que vienen aquí también con frecuencia. Son estudiantes de *Kendo*[6], arte que elegí hace tiempo para hacerlo mi especialidad».

Con la velocidad del rayo el hombre sacó la espada, hizo unos molinetes con ella y sosteniéndola en alto, se inclinó profundamente, para luego lanzarse sin más preámbulo a una especie de danza marcial, con su propia sombra. Inició con ella un diálogo mudo, más bien un monólogo que bien pronto tomó visos de agria disputa. A todas luces, la representación narraba algún acontecimiento que sólo pude ubicar mucho tiempo después. El rostro del desconocido cambiaba de la placidez a la ira, de la comedia a la tragedia, creando a veces intervalos de silencio que recordaban los hitos de vacío en el teatro *Noh*. En esos momentos *munen mushi* —sin ideas y sin mente— el *Samurai* adquiría una plasticidad singular, como manejado por algún automatismo interior. El Roshi parecía querer deshacerse de su sombra y ésta, insistente como un perro, se negaba a abandonar su sincronía con el cuerpo del

---

6.   El camino de la espada.

guerrero. La transición fue en crescendo y la mímica de la discusión fue reemplazada por la actitud de un felino rondando con pasos afelpados a su presa. Finalmente, lo que era una danza se convirtió en combate.

Si el espectáculo anterior lindaba con lo fantástico, éste era absolutamente irreal. Sin embargo, recordé que *a partir de la certeza de que existen cosas, se pueden inferir las cosas que no existen*[7]. Asumí entonces que la escena que se desarrollaba ante mis ojos seguramente no existía, pero que bastaba con verla para hacerla realidad. El combate del *Samurai* contra su propia sombra se desarrollaba como una secuencia fantástica. Con agilidad de pantera intentaba adelantarse a los movimientos de su sombra, esquivando los tajos que su otro yo le enviaba. La espada enemiga cruzaba el aire donde un segundo antes había estado su cuerpo, un brinco lo elevaba en el aire y la *katana* de su contendor segaba el sitio en donde habían estado antes sus piernas, un agacharse a tiempo libraba su cabeza milagrosamente de la decapitación instantánea y una retirada oportuna lograba que el acero del otro rozara apenas su vientre.

Cuando unas gotas de sangre mancharon el piso del templo entendí que este era un combate real, no una mera ilusión óptica. La sombra del Roshi había tomado vida propia. A veces podía creerse que la sombra seguía dócilmente los movimientos del hombre, pero súbitamente se independizaba para lanzar ataques traicioneros. En una oportunidad el guerrero, tras un giro sobre sí mismo para

---

7.   Miyamoto Musashi. *El libro de los cinco círculos.*

evitar un asalto, perdió de vista a su sombra. Ésta, emergiendo de otras sombras intempestivamente, arremetió contra él blandiendo la espada con silenciosa furia.

En el Zen existe el concepto *Zuki*, que puede traducirse como relajamiento. Es el espacio que se forma al cortar una línea recta, como sucede con las líneas truncadas, *Yang*, en el *I Ching*. Es el momento en que la tensión «se afloja», en que la cuerda de un arco se distiende. Es como el instante en que una vara de bambú se quiebra y también es *Suki* el lugar de la intersección. Un momento de distracción o de asombro, *la leve sombra de un pensamiento* puede acarrear la situación de *Suki* en un guerrero y si esta momentánea debilidad es detectada por el oponente, su contendor es hombre muerto.

Tomado por sorpresa, el *Roshi* recibió un tajo que desgarró su *hakama* a la altura del hombro. Fue entonces cuando vi cómo esas gotas de sangre, que habían previamente teñido de rojo la blanca tela, salpicaban el piso. Intuyendo la debilidad de su contrario, la espada horizontalmente dirigida a su vientre, la sombra se lanzó a un ataque definitivo. El *Samurai* lanzó entonces un grito sobrehumano que irrumpió violentamente en el ambiente nocturno, haciendo vibrar las cañas de bambú. Sus ojos desmesuradamente abiertos que denotaban la condición de *happo biraki*, parecían mirar a todas partes y de ellos brotaba una fuerza extraordinaria: estaban llenos de *Ki*, la poderosa energía que brota del Vacío y se despierta en la quietud del *Zazen* o en la acción del *Bushido*[8].

---

8. Ki, o Kiai. Happo biraki: un estado de alerta. Zazen: meditación Zen. *Bushido: el Camino de las Artes Marciales.*

El terrible grito paralizó el ataque de su enemigo. Sin detenerse a pensarlo, el *Samurai* desvió la *katana* del contrario y hundió la suya en su propia sombra, que cayó inerte a su lado. Luego el Hombre sin Sombra vino pausadamente hacia mí y se inclinó profundamente. No pude menos que corresponder a la suya con otra inclinación mucho más larga, profunda y reverente.

* * *

Según cuenta la tradición del *Bushido, Hojo Tukimune*, héroe japonés y *Bukko Kokushi*, Maestro *Zen* del Imperio habían sostenido un diálogo singular en los remotos albores del siglo XIII[9]. Llevado por su afán de perfeccionamiento, *Tukimune* había ido en busca del *Sensei* para interrogarlo acerca del origen de la cobardía. Luego de presentarle sus respetos, el legendario *Samurai* fue directamente al grano y preguntó a *Bukko*:

—Venerable Maestro: el peor enemigo en nuestra vida es la cobardía. ¿Cómo podemos evitarla?

—Corta la fuente de donde proviene —respondió *Bukko*.

—¿De donde viene? —inquirió *Tukimune*.

—Del mismo *Tukimune*, respondió impávido *Bukko*.

—¡La cobardía es lo que más odio! ¿Cómo puede venir de mí mismo? —exclamó *Tukimune*.

—Vamos a ver que pasa contigo cuando mates a tu

---

9. Daisetz Suzuki, *Zen and the samurai*, Princeton University Press, 1970.

querido *Tukimune*, —dijo *Bukko* muy serio.

—¿Cómo puedo lograr eso?

—Silencia todos tus pensamientos —respondió el Maestro.

Han pasado muchos siglos desde que este diálogo tuvo lugar y muy pocos años desde que una noche alucinada me fue dado presenciar el combate entre *Hojo Tukimune* y su Ego. En la ciudad de Tokio, cualquier visitante tiene acceso fácil al recodo medieval enclavado en pleno *Shinjuku*, el barrio sin noche. Encontrará el sendero de piedra, las casitas tradicionales llenas de animados comenzales y las *geishas* de *kimonos* floreados. Si pregunta por el templo del bosque de bambú, le dirán que efectivamente existe y que en su atrio o en el jardín que lo rodea, los jóvenes estudiantes vienen cotidianamente a tocar algún instrumento, a practicar la arquería, pintar una acuarela o simplemente a leer o meditar. Es un lugar bello y apacible al que un hombre cualquiera, extranjero o no, puede concurrir para evadirse del ajetreo de la ciudad. Tal vez medite un instante frente al sobrio templo, toque luego la campana y haga una profunda y respetuosa reverencia antes de regresar al mundo cibernético.

Y tal vez no pueda percibir la sangre oscurecida por el tiempo que mancha aún el piso del atrio, en el templo del bosque de bambú.

Pronoia y Vasago

Para Omar Rayo

El cuadro estaba ahí, aparentemente inerme, esperando que alguien viniera a revivirlo con la mirada. Era como un cíclope, o como el ojo de un huracán, un verdadero mandala que invitaba a una serena meditación. Colocado estratégicamente, aislado en un nicho de luz, parecía ausente del resto de obras de arte exhibidas en aquel museo.

Un día después de inaugurar la exposición el salón de Arte Moderno recibía un público mas cálido que el que había concurrido a la recepción de la víspera: aquel que, cocktail en mano, las espaldas vueltas a la obra y el rostro hacia los circunstantes, charla en corrillos haciendo la crónica social del arte.

La gente que realmente observa las exposiciones de arte viene al otro día o regresa cualquier otra vez y su presencia nunca suele ser masiva ni amontonada, lo cual proporciona el silencio necesario y hasta los ángulos que de otra forma son imposibles de obtener para realmente, ver.

No era de extrañar pues que algún visitante prolongara su visita abstrayéndose en largos ratos de contemplación.

Sin embargo, el guardián de turno se extrañó porque una mujer que había entrado horas antes al salón no había vuelto a salir. El hombre, curtido en labores de seguridad museográfica, había sido testigo de algunos hechos insólitos relacionados con el arte, tales como actos inéditos de voyerismo, agresiones sexuales a obras de Degas y Modigliani, amén de robos estrafalarios y cambios prestidigitativos de obras auténticas por falsificaciones.

El caso de hurto que más le gustaba recordar era el de aquel pintor cuyas obras formaban parte de un exposición colectiva que había sido objeto de un robo harto singular: todas las pinturas habían sido sustraídas del museo menos las del artista en cuestión. Herido en su vanidad —frecuentemente hipertrofiada en los artistas— el pintor había entablado una demanda contra los ladrones arguyendo que no lo habían robado intencionalmente, para perjudicarlo.

Por su mente deambulaban historias fantásticas, que se repetían de guardián en guardián, de curador en curador y de museo en museo. Como aquella de aquel cuadro, que sin saber a qué horas, comenzó a tragar gente, como si fuera una de esas bellas y malignas flores carnívoras del Amazonas.

Así que fue en busca de la visitante y la encontró ensimismada ante un cuadro abstracto, la mirada perdida en el laberinto geométrico de cintas, nudos y dobleces cuyo equilibrio perfecto la había inducido a un trance hipnótico del que el guardián no pudo separarla.

Por el contrario: después de infuctuosos ruegos y no menos inútiles forcejeos, el avezado policía museográfico cayó también en los lazos del inaudito cuadro y después de un largo rato de hipnosis compartida, los dos desaparecieron, como desintegrados en fotones; y ahora se conocen como Pronoia y Vasago, los ángeles curadores de la quinta dimensión.

DONDE LA SANGRE ES ESCASA
(UN CUENTO DE VAMPIROS TIERNOS)

Lo esperó, sentada en el reborde de la fuente de Netzahualcóyotl, que adorna el parque de Chapultepec en homenaje a los poetas *nahuas*, indolentemente acodada en la pequeña muralla que rodea el agua de la fuente, mirando el reflejo de sus catorce años en la superficie bruñida. Dejó los libros abandonados al sol, uno de ellos abierto exhibiendo impúdicamente un texto de historia del Medio Oriente. Su mano derecha palpó la rugosa superficie del muro, tropezó con un terrón que dejó caer a plomo sobre esos ojos que la miraban desde el agua. Una espiral nació en su frente y se expandió haciendo zozobrar su rostro.

Cuando el agua se aquietó, otro rostro emergió apareado con el suyo, los ojos brillando como guijarros sonrientes. Ella se vio virar despacio para verlo, sintió el contacto de las manos en sus hombros y el agua titiló nuevamente estremecida.

—«Parecemos acuanautas» —dijo él y ella rio y se sintió segura al recordar que Ignacio era dos-años-menor-que-ella y el agua se aquietó nuevamente y con ella su piel, que tenía esa premonitoria actitud de estremecerse a su contacto. Giró sobre sí misma y se colgó a su cuello. El muchacho se desdobló y resultó ser alto, muy alto para sus doce años y ella subió con él en vilo a las alturas, dejando sus trenzas caer verticalmente y sus pies levitando milagrosamente del piso.

Giraron como una peonza sobre los grandes mosaicos. Un transeúnte hubiera creído ver una gigantesca libélula festejando su abandono de crisálida. Al cabo de un momento la simbiosis vertiginosa se deshizo y se fueron tomados de la mano por el sendero que conduce al gran Tótem que había regalado al parque el gobierno del Canadá.

* * *

Dos adolescentes que conspiran para no ir al colegio, ella menuda y no tan frágil, él lánguido y anacrónico. El cabello ensortijado desciende en bucles renacentistas ocultando su nuca. La nariz aguileña y una frente amplia en el rostro alargado que se abre para recibir esos ojos, hundidos y brillantes como un par de guijarros en la arena. Uno piensa en Shelley, en lord Byron tal vez, o en algún personaje de Dickens al mirarlo. La boca es fina y casi no sonríe, afortunadamente, porque al hacerlo hay algo en ella que produce náuseas. Porque es amplia, vital, esa sonrisa, pero deja al descubierto una dentadura demasiado blanca y la forma de esos dientes de mármol es como una sierra; mejor que no se ría, a duras penas que sonría sin entreabrir los labios, sólo formando en las mejillas ese par de hoyuelos cónicos, tan viejos.

¡Sólo tiene doce años!, se recuerda a sí misma y sigue trotando a su lado dócilmente la dama de catorce, un poco rolliza, es cierto, pero sana y dinámica como una potranca,

el rostro pecoso y las trenzas doradas tejiendo una estela tras de sí. Ignacio la atrae como una bujía anémica hipnotiza a una mariposa de colores abigarrados. Gira en torno suyo, a su cetrino encanto y a sus movimientos verticales, hasta caer en un beso para el cual debe quedarse en puntas de pie durante mucho tiempo; para salir finalmente del encuentro con el rostro nimbado y los ojitos enturbiados.

Un testigo inesperado baja repentinamente de un árbol cercano: un gato joven, atigrado. Ignacio, ágil, mueve el prodigioso sincronismo de su cuerpo y lo atrapa en un santiamén. El gato maúlla y ella se acerca diciéndole cosas en el idioma de los gatos y lo calma, haciéndole cariños con los dedos en la base del cráneo.

Algo le sucede a Ignacio porque ríe muy fuerte, anunciando los filosos dientecillos. Inmotivadamente le arrebata el gato y lo lanza al aire como una pelota. Un maullido viene en crescendo desde el aire, agrandándose hasta tomar forma de gato girando sobre sí mismo al caer. Ignacio se aposta convenientemente, como buen jugador de béisbol y lo atrapa, sólo para volver a arrojar más fuerte aún, más y más alto, al maullido que se pierde hasta convertirse nuevamente en punto. Ella suplica en todos los tonos que suspenda el extraño deporte. Se cuelga de sus brazos, resbala a lo largo de su cuerpo, implora desde la altura de sus rodillas. Por toda respuesta Ignacio ríe y continua el odioso pasatiempo.

Ella, aún de rodillas, lleva sus manos al rostro y llora convulsivamente, no quiere ver más. Súbitamente oye un ruido sofocado como una pisada suave, como una corteza de algo cayendo sobre la hierba. Abre los ojos y ve el pequeño cuerpo dislocado. La cabeza echada hacia atrás, los ojos en blanco y un hilillo de sangre surcando el hocico rosado que ahora está más pálido. La pelota animal ha enmudecido para siempre.

La risa de Ignacio sonó como un graznido en la mañana de no-escuela y ella echó a correr, abandonando los libros, lejos, lo más lejos posible de él.

* * *

Hay seres que se sienten fatalmente atraídos por la crueldad, pero ella aún no lo sabía. No vio a Ignacio en toda la semana, hasta el sábado, en una fiesta en casa de unos condiscípulos. Estaba aislada (bailando con alguien, pero aislada). Repentinamente dio una vuelta y lo vio tras ella bailando a su vez con una niña extraordinariamente pálida de ojos de almendra y pelo lacio, negro, reluciente. *Son de la misma especie, originarios de algún otro planeta donde la sangre es escasa.* El absurdo pensamiento había llegado a su mente inopinadamente. Bailaban un *surf* lento y sus movimientos eran lánguidos y sensuales, muy egipcios por los ángulos que formaban las manos con el cuerpo y la quijada con el cuello, ondulantes como anguilas sumergidas en un medio oleaginoso. Parecían nadar en el interior de un estanque y ella recordó la frase infantil: *parecemos acuanautas, paranautas acuacemos*, repitió al revés, infantilmente, en un murmullo. Él había dejado de bailar y la miraba.

Algo sucedió en esa mirada increíblemente tierna, tan desamparada como una *mantis religiosa* cuyos padres acaban de morir; sola desde el otro lado de cualquier mal posible y podría haber jurado que sus ojos se habían humedecido tras de una cortina de lágrimas que no llegaron a caer.

Sin saber cómo se encontró en sus brazos (ojos de almendra se desvaneció en silencio) mirando hacia arriba en busca de esa cara frágil como la de un Cristo y se detuvo en la boca, que gracias-a-Dios no sonreía. El rostro translúcido bajó hasta ella, lo vio pasar de largo frente a su boca entreabierta y sintió frías cosquillas en el pabellón de la oreja cuando la palabra golpeó su tímpano como un gong de terciopelo:

—Perdóname.

* * *

Han pasado muchos días, semanas; un mes. El profesor mira a su abigarrado y somnoliento auditorio, reclinado, acostado, derrengado sobre los pupitres. Hace calor y las moscas forman un tornado de zumbidos en medio del salón; ellas tamb1én quieren estar afuera, como los muchachos, poniendo en movimiento el aire quieto.

El profesor revisa sus rostros uno a uno, gravemente. Sus labios tiemblan y de sus ojos escapa la ira en rayos intermitentes:

—¡Quiero saber quién hizo esto!

Inquirió, introduciendo su mano en el interior del envolturio colocado previamente sobre el piso. La mano emergió de allí sosteniendo algo que pareció en primera instancia un tembloroso cascabel ensangrentado. El profesor lo sostenía entre el índice y el pulgar, tal como si hubiese tomado una rata por la punta de la cola. Su nerviosismo hacía bailotear aquello, zangoloteándolo, esparciendo un pequeño olor naciente a muerto. Estiró el brazo, poniendondo entre sí mismo y el extraño objeto el máximo de espacio, al mismo tiempo que lo acercaba más a los muchachos que se miraron entre sí.

Ignacio solamente quedó impasible, observando la piltrafa que el viejo maestro exhibía grotescamente. Su voz retumbó nuevamente como un trueno:

—¿Quién demonios hizo esto?

—¿Qué es eso, profesor?

—¿Quién demonios hizo qué, maestro?

—Esto es, o fue mejor dicho, parte de un perro.

—No nos diga que Raffles...

—Sí, señor: Raffles. Esta es una oreja de Raffles, señores. (Murmullo general) Tengo buenas razones para creer que fue uno de ustedes quien hizo esto...

—Y esto, y esto, y esto.

Mientras hablaba, presa de la indignación sacaba de la bolsa más pedazos de perro, la otra oreja, una pata, los genitales, uno, dos, tres, la cola, un ojo como botón de oso de felpa y los fue arrojando a sus alumnos (entre los bancos cayeron unos, otros sobre los pupitres mismos, ¡Plaf!).

—Ustedes fueron el grupo que salió más tarde anoche y antes el perro estaba completo y después apareció así, tal como lo ven ahora. Todo el personal de la escuela sabe que ustedes son el demonio mismo. Han estado a punto de enloquecer a sus maestros, de romper todos los vidrios de esta casa y los huesos de todos los alumnos de preparatoria.

El maestro se santiguó rápida y eficazmente. —Hay un demonio entre ustedes — señaló los trozos del acertijo canino dispersos en el salón de clase. Disimuladamente, alguien en la audiencia graznó como un cuervo.

* * *

Él mismo se lo dijo, al atardecer de aquel día fatídico. Abordaron el auto deportivo que Ignacio solía traer y llevar cuando lo permitía papá y en él se fueron hasta el recodo del parque que los muchachos llaman «el rincón del enano moro», lo que vale decir, del *enamoro*.

La luna comenzaba a pespuntear el horizonte y los arbustos brillaban siniestramente bajo su mentirosa luz. Ignacio estacionó el coche bruscamente, de cara a la luna cómplice, en el sitio acostumbrado. Tenía el ceño fruncido y por las comisuras de los labios asomaban apenas los puntiagudos dientes.

—Yo le hice eso al perro —confesó.

Ella se sorprendió al escuchar su propia risa, un poco alta de tono.

—Claro que fuiste tú —se oyó decir. —Naturalmente. ¿Quién otro podría haber sido?

Ignacio giró la cabeza levemente. (Uno piensa en Shelley, tal vez en Byron o en algún personaje de Dickens al mirarlo).

El gesto adusto de su rostro desapareció como un soplo y la ternura infinita de sus doce años hizo burbujas de aceite en sus ojos entornados. Se acercó lentamente y ella esperó anhelante. El estremecimiento llegó, pero esta vez fue más fuerte y más profundo, tanto que la llevó a sentir un infinito placer cuando los afilados colmillos se hundieron ávidamente en su yugular.

El alegre planeta

Esta es la triste historia de un planeta alegre. Los viajeros del espacio llegaron al planeta de la alegría y las consecuencias fueron lamentables. Sin embargo, uno de ellos se salvó y la humanidad aprendió nuevamente la antigua lección del lugar común: No hay mal que por bien no venga. Como el bien y el mal, el dolor y el placer no pueden existir el uno sin el otro, porque son las dos caras de la moneda con que se paga el precio de la vida.

* * *

El Maestro Kurt frunció las espesas cejas bajo el casco a prueba de vacío. Luego manipuló con destreza, una vez más, los botones del psicoinvestigador espacial. Los resultados cayeron en pequeños cubos, casi sólidos, por la abertura del testificador.

Los llevó a su boca y los deglutió uno a uno, sin atreverse a masticar.

Luego esperó —una fracción de segundo, a duras penas— a que su sistema nervioso asimilara el resultado.

Durante otra fracción de segundo, sintió crecer en su interior una alegría irrazonada, desmedida, una alegría mil veces más fuerte que la producidas por el hiperhidrato de ozono condensado a alta presión.

Los pálidos colores de los muros del laboratorio espacial le parecieron luminosamente hermosos. El gato automático que maullaba intermitentemente cada hora lunar, se le antojó —por primera vez— un bicho encantador. El biogenerador que había odiado durante toda su vida, dio a luz un diminuto homúnculo velludo que —¡cosa extraña!— le inspiró una súbita y paternal ternura.

Finalmente, el recuerdo de su mujer, en la lejana Tierra, lo inundó de gozo, a pesar de intuir que, en ese mismo instante, ella estaba haciendo el amor con su mejor amigo.

—*La vida es be...* —musitó, pero no tuvo tiempo de acabar la frase porque la euforia producida por los cubitos gelatinosos se acabó, diluyéndose en su hipotálamo.

Frunció las cejas otra vez, porque no sabía hacer otra cosa con su rostro, cicatrizado por la amargura. Evidentemente, por increíble que esto fuese, los resultados extraídos a la psiquis atmosférica del planeta G-2, de la Galaxia Indra, demostraban que allí no había otra cosa más que pura felicidad, felicidad pura. Desde que se sabía que las emociones de sus habitantes revestían a los planetas de una atmósfera psíquica susceptible de ser analizada, nunca había resultado un caso tan claro y al mismo tiempo tan desconcertante.

Para recordárserlo, echó un vistazo a las planillas colgadas en el muro, frente a él:

Planeta	Composición	Planeta	Notas
Bislabis I	1% Bondadoso 1% Abúlico 48% Estúpido 50% Dependiente	Bondaes-tual	Inocuo Escala permitida Probablemente Aburrida
Bislabis II	49% Ciclotímico 1% Intelectual 2% Pedante 20% Impotente 8% Crítico 70% Agresivo	Ciclozoide	Campo de Entrenamiento Psiquiátrico Alto riesgo Estadías de corta duración Vacuna recomendada: WH50306 - Serie B
Ergómenes	50% Primitivo 20% Sexual 30% Estúpido	Prisetúpido	Inocuo Campo de rehabilitación Sexual
Logómenes	70% Inteligente 20% Emotivo 10% Estético		Área vacacional De acceso exclusivo Clase 1-A

......y así sucesiva, interminablemente, la lista de todos los planetas de la galaxia de Indra, que fuera descubierta involuntariamente, hace milenios, por un monje rebelde de la Nueva Orden del Temple.

Las listas elaboradas por los técnicos luego de haber digerido los cubitos que producía el psicoinvestigador de los planetas, habían ahorrado vidas, dinero y material técnico a los pioneros del espacio. Y el método era más seguro y más fácil que el antiguo programa de ambientes e influencias planetarias.

Lo asombroso era que nunca los cubitos del psico-investigador habían informado un hecho tan concreto. No había en el nuevo planeta ni una millonésima de porcentaje adjudicable a otra emoción. La predominante, avasalladora sobre todas las que pudieran existir era ésta. Así que Kurt escribió despacio, sobre el renglón vacío de la última tablilla:

| G-2 | 100% | *Alegre* | ? |

¡Qué diferencia con la espesa y triste nata de smog emocional con la cual los humanos habían polucionado la atmósfera terrestre!, no pudo menos que decirse Kurt mientras trazaba una gran interrogación en el espacio de la tabla concerniente a las anotaciones relacionadas con el planeta G-2. Un caso tan extravagante de alegría absoluta era de competencia superior.

* * *

• El caso se estudió durante muchos años, muchas veces.

• Se trazaron coordenadas, se investigaron las influencias de los soles más cercanos y los planetas contiguos.

• Se descubrieron los dos satélites del nuevo planeta, Euriada y Fóriada que se polarizan mutuamente y matizan las ilusiones frustradas que acarrean los malos humores, las depresiones suicidas, la imaginería descarriada y son autores de la peste sentimental y los estados morbosos de melancolía que en la Tierra son producidos en gran escala por la Luna.

• Se cambió de nombre al nuevo planeta. G-2 ya no. Euforos, tampoco.

• El Planeta Alegre, el Alegre Planeta.

* * *

Seis individuos de sonrisa fácil están agrupados en el interior del cohete anaranjado. Sus nombres son alegres: Ian, Val, Ero, Carsac, Verne, Al. Su destino: el Alegre Planeta. Son todos hombres alegres; seleccionados entre miles, no han cumplido aún treinta años; no tienen pasado, infancia tortuosa, fijaciones, frustraciones ni dependencias: fueron vacunados desde niños contra la angustia con el «Remedio para la Melancolía» que descubriera Ray Bradbury y han sido preservados cuidadosamente de las emociones negativas. Seleccionados para ir al paraíso, es necesario que no lo contaminen de tristeza. Las fotografías del sonriente grupo de muchachos recuerdan los anuncios comerciales de dentífricos. Desconocen el dolor físico, nunca han sufrido un rasguño, desconocen el dolor moral, nunca han tenido una pena. Son envidiados, ensalzados, añorados por los habitantes de toda la galaxia local y allá abajo, en la Tierra, una escultura dorada junta sus seis pares de manos que se elevan al cielo. Han tenido una vida artificial, claro está, allá en la Tierra y luego en el laboratorio espacial. Su alegría es de invernadero, por supuesto, pero es una alegre alegría:

Los mensajeros de la Tierra no llevarán el bacilo triste al Alegre Planeta, los mensajeros de la Tierra no llevarán....

* * *

*....el bacilo triste al...*el viejo Kurt emitió el mensaje a la galaxia entera desde el laboratorio espacial y adivinó la proa anaranjada del cohete hendiendo vertiginosamente el vacío. Ahora tiene más de sesenta años, buena parte de los cuales dedicó al estudio de la euforia....*Alegre Planeta...* él también hubiera querido ir, el viejo Kurt que tragó hace más de treinta años los cubitos de alegría.....*los mensajeros de la Tierra....*había investigado profundamente el desequilibrio entre Eros y Tanatos, enfermedad que padecían los seres humanos desde tiempo inmemorial y por supuesto fue él a quien se eligió para coordinar la misión Planeta Alegre. Aleccionó personalmente a estos muchachos y los sabía genuinamente alegres, si no por naturaleza, sí por una planificada omisión de la tristeza. Era el alma, el cerebro de la expedición. Había tomado todas las medidas preventivas para evitar una contaminación...*no llevarán...* El, Kurt, no iría. Demasiado viejo y triste para ir, se dijo.... *el bacilo triste al...*¿cómo puede un hombre triste enseñar alegría?, se había preguntado muchas veces...*alegre planeta...* una lágrima, ovalada como los nuevos satélites artificiales, trazó una órbita siguiendo el cauce marcado por las hendiduras de su ajado rostro.

* * *

Ian había traicionado, aunque reía de ver volar una mosca. Ni él mismo sabía por qué; pero su risa se congelaba siempre a la luz de aquel recuerdo que trepaba angustiosamente por las paredes de su esófago hasta convertirse en un sollozo ahogado. Continuaba riendo a pesar de ello, pero su risa era como la de los payasos. Sus ojos reían, pero lloraban hacia adentro, empañando la esbelta silueta femenina que se había instalado en su corazón. La linda y muy ladina hija del viejo Kurt, el bondadoso viejo Kurt quien había permitido, contra su propio reglamento, esas visitas nocturnas, que se repitieron muchas veces, hasta el alba. Ian estaba enamorado y padecía el mal de ausencia. Para ella esos encuentros significaron el dulce placer centuplicado que produce el disfrute de las cosas prohibidas. Para él...el recuerdo de la muchacha trepanó dolorosamente el pecho de Ian y produjo, tras de un suspiro, una descarga de adrenalina. Estaba enfermo; miró a sus compañeros sonrientes y calló. Era muy tarde para hablar aunque sabía que transportaba el germen de la tristeza: lo sentía crecer en el fondo de su ser, en el recinto anónimo donde las terminales nerviosas forman, supuestamente, el principio del alma.

* * *

En el planeta que perfila su lomo dorado ante la proa del cohete anaranjado hay una sola ciudad. En las calles de Anímada bulle una multitud abigarrada, vestida de colores brillantes. Con holgada laxitud los hombres y mujeres de Anímada se desplazan con el mismo andar escueto usual en los trópicos terrestres, pero siempre se encaminan a un lugar definido: ese sitio es su placer, un placer obtenido a toda costa, un placer dolorosamente obtenido.

Las construcciones que sobresalen de la superficie del nuevo planeta son extremadamente bajas y los hombres son muy altos, con el fin de que su mirada no tropiece con nada. Para entrar en los recintos bajan en vez de subir. Anímada es una ciudad subterránea y sobre ella, sólo están las calles bordeadas de árboles cantores, las alamedas y el suave viento que lleva y trae un rumor mezclado de carcajadas y gemidos.

Los cosmonautas no pueden verlo aún, pero allí suceden cosas muy extrañas. A la sombra de un olmo, una mujer da el pecho a un niño que ya tiene dientes. El niño muerde ferozmente el pezón y la madre se queja de placer y ríe, con risa cristalina. La alegría *exulta* en todas partes, brota de las bocas como fuente mágica y se enreda en los cuerpos de las mujeres que bailan, tomadas todas de la mano, sobre alambradas de púas. Un hombre joven, de torso poderoso en el que se anudan las raíces de largos músculos de bronce, ríe alegremente mientras una oscura dama envuelta en una breve túnica amputa su virilidad muy sabia y lentamente.

En ese mundo, como en la Tierra misma, los rostros del dolor y del placer son los mismos, ostentan el mismo rictus, uno y otro producen los mismos gestos y los mismos gemidos y murmullos. El rostro del orgasmo es el mismo rostro de la tortura. Como el bien y el mal, el dolor y el placer no pueden existir el uno sin el otro, porque son las dos caras de la moneda con que se paga el precio de la vida. Solamente que aquí....doquiera que se mire, el sadomasoquismo impera. Lo que se respira en el planeta alegre es una alegría corrupta, lo que se escucha, la carcajada de la insania. El dolor es su forma de felicidad. El psicosintetizador planetario del maestro Kurt no tuvo forma de constatarlo: producto de una ciencia maniquea, la tecnología de los hombres no bucea en las profundidades, sólo constata hechos en la superficie: alegría es alegría, de dónde proviene, es cosa de otra sesuda especialización que no ha sido inventada todavía.

Una niña púrpura se atosiga de la risa. Su cuerpo se convulsiona, sofocado, en cada carcajada y cada vez se torna roja, más roja, escarlata, hasta adquirir tonos violetas. Ha muerto de la risa. Otra niña...

Entretanto, el mensaje del viejo Kurt surca los espacios siderales:...*los mensajeros de la Tierra no llevarán....* y fue entonces cuando el cohete anaranjado *alegrisó* sobre el nuevo planeta, con las fatales consecuencias que todos los mundos conocen.

En los archivos de la central galáctica de Indra se conserva el mensaje del único sobreviviente de la alegre expedición:

La muerte de mis compañeros fue horrible stop yo me recupero lentamente gracias a la presencia de un anticuerpo —el virus de la tristeza— en mi organismo stop saludos stop Ian.

Ian nunca regresó a la Tierra. Hizo su vida, dolorosamente feliz como el final de un tenebroso cuento de hadas, en el planeta sadomasoquista: dicen en las tabernas de los puertos siderales que el cosmonauta nunca olvidó a la bella hija del maestro Kurt.

EL DESERTOR
(¡JHONY, WAKE UP!)

Cora me llevó por entre el ceniciento dédalo de calles estrechas. El centro de la ciudad me llena de melancolía, como todo lo gris, y si bien alguna que otra fachada colonial se asoma, está iluminada por esa luz fríamente calculada de los focos direccionales, en tal forma que la convierte en una especie de pétrea garita vigilante, emplazada para siempre en la esquina donde se construyó. Las otras casas pueden ser reliquias de arte nouveau es decir, más *fox trots* que danzones o boleros de ladrillo, nostalgia de España en función de la modernidad de aquel momento, escondidas tras el artificioso antifaz de los anuncios de neón, verticales, oblicuos, circulares, alargados, horizontales, esos terribles avisos que matan a las casas. Y cuando llueve, como esta noche sobre todo eso y ya es tarde y solo un borracho juega al autobús a lo largo de las calles, no tengo más remedio que encorvarme bajo la lluvia y escurrirme, esperando que las casas y los edificios pasen a mi lado, invisibles y rápidos.

Cora es otro cantar. Coincidiendo con muchos, ella encuentra romántico este ombligo nocturno que durante el día es un nido de burócratas. Cuando llueve, Cora levanta la cara para que la lluvia la salpique y tiene la vista alerta para descubrir una nueva buhardilla, o alguna nueva cariátide que soporta estoica una cúpula de pretensiones dieciochescas. Tiene el mal gusto de señalarlo todo con el dedo, de emocionarse y brincar inmotivadamente y de cualquier fruslería hace un Partenón. Cora es una niña, por supuesto, una niña de cuarenta y tantos años. Hay mujeres así. Casi siempre fueron las más bellas o las más atractivas y se lo siguen creyendo para siempre. A una mexicana, sin embargo, no le pasaría semejante cosa; por lo general saben madurar con la natural dignidad de lo verdadero y su belleza, si existió, se prolonga en el tiempo; y si no hubo tal belleza, pues comienza a brotar entonces, en plena madurez, de su cabellera sin tintes. Con mujeres como Cora, no pasa igual. Trae el cabello suelto, como una cascada de colores ambiguos y lacio, como es de rigor entre las nórdicas. Su perfil, que adornó alguna vez las carátulas de Vogue, mal encubre bajo la mermelada del maquillaje las erosiones del tiempo y el largo cuello que pudo ser de cisne alguna vez, es ahora sólo un tallo añoso y macilento.

Por supuesto que los ojos azules y rasgados siguen increíblemente vivos y su cuerpo —hecho para resistir— sigue siendo del mismo material fuerte y elástico de su juventud y sólo ha dejado escapar un nudo de venas a la altura de la corva de su pierna izquierda.

Este conjunto tan especial va caminando bajo la lluvia al lado mío; pero he sido injusto con Cora. Además de ese exterior suyo, algo ingrato aunque para muchos espléndido y de esa niñez de gringa avejentada que me hostiga, Cora es verdaderamente un árbol a la orilla del tiempo, sedimento decantado de muchas vidas, rescoldo que pugna por seguir siendo lumbre. Norteamericana disidente, como muchos de su clase ha naufragado en la frontera mexicana, algo irlandés y eslavo se mezcla en su progenie, expatriada de todas las patrias; ente flotante de esos cuyos recuerdos deben deteriorase para seguir viviendo. Seguramente después de su fracaso con los machos caucásicos ha amado a varios negros y a uno que otro oriental, a hombres maduros cuando era apenas una niña y a niños crecidos ahora que se encuentra postmadura. ¿Y porqué no decirlo? El gran amor de su vida fue un lanchero de Acapulco, que susurró alguna vez románticamente la tonada de *Las Mañanitas* a su oído.

Fue visionaria, no vidente. Y su problema es que sigue siéndolo. Sueña con islas en la desembocadura de deltas exóticos, con apasionados y vehementes indígenas de ascendencia maya —que resultan ser, aún en sus sueños, de muy poca estatura para su corpulencia— sueña con el retorno a lo primitivo, en deshacerse de todo, en recomenzar siempre y cada día porque está joven y bella y las experiencias han pasado sobre ella como una caravana de plumas. Sin embargo, en una insólita muestra de cordura, Cora sabe que nació demasiado temprano para ser *hippie* y que ahora es demasiado tarde para remediarlo.

Por supuesto, me interesa el medio en que se mueve Cora. Esas sombras cercanas que la asedian, pacifistas y apátridas, desertores del Vietnam, de Cambodia o de Irak no como aquellos miembros de las *izquierdas exquisitas* que a raíz del macartismo se retiraron plácidamente en Cuernavaca (ya que no pudieron hacerlo en Ginebra, como Charles Chaplin), para esperar el fin de su vida y de su cuenta bancaria a la sombra de los plátanos y las azaleas. Estos son otros, en cierto sentido entes más reales que han querido hacer su vida contra la corriente del cacareado, *american dream* que lo han arriesgado todo y que sin embargo para el latino siguen siendo simplemente otra variedad de los americanos feos. Disidentes y parias que han guardado todos, como Cora, un fulgor de búsqueda en los ojos quebrados, integrantes del ejército del LSD, el peyote, la marihuana, la cocaína, los hongos y en el peor de los casos de la heroína de sus sueños, ojos quebrados, anegados en un charco traslúcido de estancadas lágrimas, ojos vueltos hacia adentro en una renuncia a la sorpresa y siempre exaltados y ausentes, impregnados de yerba. La mayoría de ellos son poetas y pintores de dudoso cuño, músicos, grandes cineastas que nunca hicieron una película —o tal vez una, fuera de los circuitos regulares de Hollywood— actrices que escaparon a la gloria y al suicidio porque han muerto de antemano. Alcohólicos los más viejos, comunistas norteamericanos, lo que equivale a la suerte de un perro en un viaducto o a la de un judío pobre, escritores que nunca publicaron —o tal vez sí— algún jockey, un violinista famoso que quedó paralítico de la mano izquierda, pacifistas profesionales y juglares redivivos que rasgan guitarras contoneándose al compás de un *country* olvidado o de la premonición de un incipiente *rock*, los ojos puestos en un horizonte alucinado que sólo ellos ven, que solamente ellos pueden ver.

Marinos sin puerto y sin mar, pasabocas de las fronteras, mancos pianistas, *beatniks y prehippies*, sempiternos viajeros de la Coca Cola. Su pasaporte grasiento se diluye en el bolsillo posterior de sus *jeans*, desaparece y de repente sólo queda un anónimo, una exmujer o un infrahombre ilegales, reliquias de un próximo pasado, autómatas gangrenados, casi-cosas.

Me interesa el mundo de Cora porque es un orbe fantástico, un museo imaginario, casi se diría un mundo de otra dimensión conviviendo con la nuestra, si es que la mía admite ese plural. Ese día fui con ella bajo la lluvia cernida sobre las tediosas calles céntricas, porque me habló de Johnny, el expiloto. Fui a conocerlo y ella me guió por el dédalo de calles cetrinas hasta ese gran portón de la calle del presidente Madero.

Atravesamos el umbral bajo un letrero mal pintado que decía *Sombreros & Zapatos*, a lo largo de un corredor de vitrinas repletas de objetos que esperaban el día final del mes para calzar los pies de las cenicientas recién pagadas. Se acabó aquello y desembocó en un patio vetusto que algún día fuera hermoso, colonial reconstruido a despecho de sí mismo, las arcadas bostezando en la noche sobre una fuente derruida y la luna intentando reflejarse inútilmente en su agua ausente.

Las baldosas disformes de la típica vecindad de barriada repitieron nuestros pasos bajo el abovedado techo del pasillo hasta la escalera, para subir por ella en la penumbra a tientas y tropezones, Cora guiándome con sus ojos de gato hasta el piso superior, en donde las luces se filtran por las puertas de la vecindad —que en otras latitudes se denomina inquilinato— y hay rumores y quejidos leves o silencio intermitente que se escapa de las vidrieras reemplazadas por papel de estraza en las ventanas. Humo y guitarra se escapaban de aquella puerta, constelada de conejitas de *Play Boys*, en cuyo dintel Cora tocó un breve código morse con los nudillos expertos de su mano izquierda, la derecha fingiendo un atento gesto de espera. La puerta se entreabrió arrojando una humeante luz, rasgando la penumbra y Cora dijo *It´s me, Cora and friend* y nos escurrimos por la rendija entreabierta para entrar en aquello.

Fue como llegar a otro mundo, un mundo muy denso; y para desplazarse allí dentro no bastan las piernas hay que ayudarse de manos, de aletas, como peces ciegos prehistóricos y torpes. Los sentidos tardan en hacerse al espesor desusado; todo lo es: los olores, acres, los colores, ocres; los sonidos y murmullos en contrapunto con la voz de la guitarra. Los infra-seres se materializan poco a poco en diferentes posturas, bultos adosados a las paredes, cabezas hirsutas ocultas entre las rodillas, de pie otros como estatuas de sombra, en cuclillas algunos —cada uno aislado en el tumulto silencioso— echados los más como un tapiz balbuciente sobre el suelo desnudo y al pasar sobre ellos se me enreda en un pie una larga cabellera que me sigue un trecho y resulta ser una peluca.

Risas apagadas, cloqueos. ¡*Mi cabello*!, grita una voz de mujer con acento anglosajón. Tanteo en la penumbra amarillenta y entrego la cabellera negra a una rubia decolorada surgida de la nada a la altura de mis rodillas y me siento como un pielroja devolviendo su más preciado bien a una carapálida, que se aferra a mis piernas un poco más que agradecida. Alguien me toma de la mano. Afortunada o desgraciadamente es Cora quien me rescata —uno siempre tiene la sensación de estar perdiéndose de algo— me tracciona, halando de mí en dirección al más allá de una puerta fingida por cortinajes de tela de costal, hechos de yute.

Allí el olor, que es una agria sinfonía de todos los olores, se intensifica y el amarillo difuso del ambiente se convierte en un mar de los sargazos en el cual me *estampo* y en el que Cora navega sin enredarse. Avanzo como un ciego reciente, echado hacia atrás, temiendo lo peor: la presencia súbita de una pared en mis narices. Atravieso sin embargo varias, como canceles que tiemblan formando compartimentos a mi paso y entre ellos hay catres y sombras de *junkies*, muy quietas, tendidas, los ojos cristalinos que percibo como luminosos platos abiertos a la nada.

Cora se detiene frente a un par de ellos, azules, ligeramente enrojecidos, que miran a través de nosotros algún punto perdido en lo amarillo.

Este es Jhonny, me dice. Y luego a él: ¡ *Jhonny, Johnny, wake up, despiértate, Juanito* ¡

Los ojos rígidos y azules no se inmutan. Cora se afana y con gesto aritmético corre las cortinas de los canceles que separan el camastro en que él está tendido y saca de los abismos un quinqué de petróleo que enciende arrojando un halo que cava un hueco en lo amarillo. Ahora puedo verlo mejor. El hombre es largo y joven e indudablemente rubio y sus pies desbordan del catre —botas astrosas— y sus manos están recogidas a mitad del pecho en posición contrita. Rostro viejo de niño, boca entreabierta en la que faltan dientes y esa mirada que lo atraviesa todo sin querer, como un barreno insomne, enajenado.

—*Este es Juanito* —repite Cora y hace un gesto con su largo índice que apunta a una de sus sienes, haciéndolo girar significando viaje, locura, escape, otro planeta. Entiendo bien. El hombre está en un viaje, seguramente uno de esos viajes redondos que deciden volverse de una sola vía, cuando el viajero se queda allí, en un mundo de locura, porque de la lucidez siempre hay regreso.

Cora lo sacude, le sopla a la cara, llamando dulcemente:

Jhonny, Jhonny, wake-up. Los ojos azules desmesurados giran excéntricamente en torno a la pupila dilatada y finalmente se enturbian.

Jhony, wake up.

Juanito balbucea frases incoherentes, con su boca seca forma palabras, transmite algo, un mensaje, una llamada, una negativa insegura, una vuelta a llamar: *Falcon number two calling Nest number one, Falcon number two... I will not,*

I don't want to do it, you know nest number one, I don't know what I am doing when pressing this switch...Were are you, nest number one? Do you page me? Here Falcon number two calling Nest number one.[1]

Un halcón llamando a un nido, halcón número dos llamando a un primer nido; un pobre halcón como un pichón de alas rotas ahora sobre un camastro por nido.

El despertar de Jhonny fué muy lento. Llegó del viaje como un viejo argonauta desteñido, apenas consciente de que algo suyo se quedó allá atrás, en el viaje, sin remedio. Un porcentaje de sus sentidos reconoció el sitio en que estaba, los canceles, la cama y a Cora como un mueble más; y me extrañó. Quiso entonces volverse a ir y Cora lo retuvo por medio de un expediente familiar a todas las mujeres: atrayendo hacia su pecho la cabeza de heno, rodeándola de sus tentáculos de amoroso pulpo y el se quedó allí, tibio y seguro, durante algunos instantes decisivos para impedir su regreso. Cora lo amaba, estoy seguro, con esa mesiánica actitud de redentora irremisible. Juanito sollozó ahogadamente o tal vez sólo tosió entre su cárcel edípica y tos o sollozo, aquello le valió ser apretado más fuerte aún; algún pintor hubiese pergueñado el boceto de una Pietá modernista, ella de suéter verde botella y él con sus recias botas y largo cuerpo desdoblado, próximo a la resurrección.

1.	«Halcón número dos llamando a Nido uno, Halcón numero dos..... no lo haré, no quiero hacerlo, sabes, Nido uno, yo no sé que estoy haciendo cuando acciono ese switch ...¿Dónde estás Nido uno? ¿Me escuchas? Aquí Halcón número dos llamando a Nido uno.»

Salió de su regazo como un gran feto, los ojos heridos por la luz, inquiriendo dubitativamente hacia mí. Cora le dijo:

He is a friend, Johnny, he wants to meet you[2]. Me acerqué y el fijó las puntas de sus botas con los ojos azules y me tendió una mano que estreché, como un guante de béisbol demasiado grande.

I am Jhonny MacGuire, dijo, como si aquel nombre tuviera propiedades funestas. Levantó la mirada asombrado de no escuchar un reproche y entre orgulloso y cohibido, muy niño, informó:

Soy un desertor. La palabra tenía connotaciones de soledad y de abandono propias de un desierto.

La historia de Jhonny comenzó en un tono apenas audible, que escuché sentado a su lado en el viejo camastro que rechinaba incongruente; Cora a sus pies y la luz del quinqué oscilando y haciendo bailar nuestras sombras en el cancel. Hablaba con un acento que no identifiqué, mascando palabras que luego deglutía parsimoniosamente. Habló de sí mismo y de su pueblo en Alabama, de los lugares comunes a su generación, de la fuente de sodas, la *high school* y el divorcio de *mamy and daddy*, del clásico asalto a la gasolinera y finalmente, la oportuna redención, la guerra. La voz de Juanito es un cascabel tartamudeando en la penumbra. Cora respira cadenciosamente y de la otra habitación llega el dulzón olor de la chicharra de Acapulco Golden, el rumor de la guitarra extraterrena y más cerca aún se percibe el jadear de una pareja que se estruja, *Peace & Love, Incorporated*.

---

2. «Es un amigo, quiere conocerte».

Jhonny recuerda entonces aquella carta que llegó con un membrete oficial. Volvía a ser útil. Lo destacaron a una base muy blanca, en el sur, que según él, tenía las franjas de las pistas de aterrizaje pintadas con sangre. Como Caín, los políticos blandían su quijada de átomos para proteger su democracia en cualquier parte donde se encontrara Abel.

* * *

...meses después recibí otro sobre, esta vez lacrado, de manos de un oficial. Estaba listo para mi primera misión después de muchos vuelos especializados en techo muy alto y piloto automático. Aviones nuevos, muy largos y aerodinámicos, más que veloces, poderosos, capaces de subir, subir, subir indefinidamente. Abrí el sobre y desplegué un contrato: cinco años de servicio secreto, sin vacaciones. Dos consignas: obedecer e ignorar. Un sueldo anual suficiente para retirarme sería depositado en Merril Lynch & Pierce & Fenner & Smith, a mi nombre. En el último párrafo había un renglón vacío que llené con mi firma y profesión: Jhon M. MacGuire, piloto. Introduje el contrato en un sobre adjunto, caminé hasta el buzón y lo dejé deslizar por la hendidura. Luego fui a comerme uno de esos espléndidos sandwiches gigantes que prepara el viejo Smith en la cafetería. Esa noche tenía permiso para salir y me emborraché de lo lindo. Al día siguiente podría llegar la orden de salida. Como todo el mundo sabe, el pentágono es extraordinariamente rápido en sus decisiones.

El lunes siguiente un ordenanza me informó que el comandante me esperaba. Revisé la línea de mi pantalón para que estuviera bien nítida y fui a ver al viejo. Me recibió tras una cortina de humo, estratégica, exhalada contra mi rostro desde un gran tabaco que bailaba en su boca entre cada chupetón. Se rió apretándolo entre los dientes al verme adoptar la posición de firmes y me dijo campechanamente.

—Siéntese, Mac Guire, fuera formalismos. Después de todo —señaló los uniformes— esto es una democracia. ¿No es cierto? Me indicó una silla vacía y estratégicamente enana. Me senté rodeado de humo e inconscientemente hice un abanico de mi gorra, espantando la humareda.

—¿No le gusta el tabaco? —me preguntó mientras extendía la mano con un ramillete de puros.

—Usted se lo pierde, dijo, y luego, señalando el puro que tenía en la boca:

—Son tabacos comunistas, teniente. De La Habana. Siguen siendo los mejores del mundo... Rio de nuevo y no le hallé gracia alguna, pero reí a mi vez, muy incómodo.

* * *

Give me a joint, dame un toque. Cora, que ha encendido un cigarro de marihuana después de liarlo con destreza, pasa la chicharra a su amigo. Jhonny se repantiga en el regazo de Cora y resoplando varias veces, como un fuelle, se echa yerba al coleto; la mujer lo mira extasiada y protectora y el se deja acunar, mientras hace una pausa y pasa la lengua por su boca. Los ojazos azules se tornan más pequeños y rojizos como los de un conejo. Viene a mi mente la tonada pegajosa de una antigua canción mexicana:

Marijuana, ya no puedo, ni levantar la cabeza.

Con los ojos retecolorados y la boca reseca reseca Marijuana tuvo un hijito, al que llamaban San Expedito...

Se interrumpe la tonadilla mental porque Jhonny, exhibiendo la característica sonrisa inmotivada, continúa su relato.

** * **

El comandante puso cara de rango, frunció las cejas, se echó para adelante y me espetó bruscamente, para medir mi reacción:

—¿Está usted listo nuevamente para matar por la democracia, teniente Mac Guire? — La cosa no es nada fácil ¿sabe usted? Tiene que tener nervios de acero. Y no se trata de la rudeza de los vuelos solamente, ni de los riesgos físicos: estos al contrario pueden ser un aliciente para una mentalidad militar. El problema es otro, ya lo verá usted, Mac Guire. El problema monstruoso es la desubicación, no saber dónde se encuentra, no tener ni idea de lo que verdaderamente hace, la falta de contacto con la realidad exterior, con el mundo del que goza el ciudadano común y corriente...pero estoy hablando demasiado. Usted ha sido escogido porque tiene una hoja de servicios intachable, como militar, claro está. Sabemos de su desliz de la gasolinera. Pero la guerra lo salvó del sendero torcido, Mac Guire. Lo hizo un hombre de bien. Ahora usted es un hombre de Marte, Mac Guire. Usted es un guerrero. Un guerrero es solo, como usted; su familia es el combate.

Miré de reojo el retrato de la mujer gorda y los hijos que miraban sonrientes desde el escritorio. El lo notó y soltó una carcajada que escondía su desazón:

Ya lo sé; yo no soy Marte. Por eso estoy aquí, en la retaguardia de esta guerra extraña en la que al fin y al cabo no se sabe cuál es el frente. ¿Cuba, Cambodia, Berlín, Bagdad, Colombia? ¿China, tal vez? Debemos proteger la democracia en todo el mundo, Mac Guire. Somos la policía del planeta. ¿Y nuestras armas? Económicas, químicas, atómicas. Los arsenales están repletos de cohetes atómicos, patrullas incesantes hacen ronda en los cielos y los satélites son realmente sapos espiando desde la inmensidad. Cada uno de ustedes, cada patrullero del espacio acciona un botón y no sabe si al hacerlo está tomando una aerofotografía infrarroja, o a lo mejor, dejando caer una bomba atómica o biológica, lista para ser depositada en el sitio preciso, a una orden precisa, en el momento preciso. Los hombres como usted son los indicados Mac Guire. Hombres de acero, que obedecen las órdenes ciegamente. Nosotros los de este lado, nos conformamos con mandar, es decir con mandar lo que nos mandan....

El comandante calló bruscamente y me despidió con un seco: ¡Puede usted disponer, teniente! Debió juzgar que yo había reaccionado correctamente porque ningún músculo de mi rostro se había movido durante la conversación.

El transporte aéreo me recogió a la seis en punto de la mañana siguiente. Me instalé en el fuselaje del avión sin ventanillas y me dejé llevar durante horas enteras, hasta quedarme dormido. Me despertó el familiar rebote del aterrizaje. Cuando el avión se detuvo y abrieron la portezuela, eché una ojeada al nuevo lugar y vi que era otra base blanca de techos rojos. Hacía un calor espeso y un horizonte de palmeras se perdía en la cabecera de las pistas. — Podía estar en cualquier lugar del mundo cerca, muy cerca de la línea ecuatorial. Pero, ¿en donde? — En el horizonte unas montañas azules erguían su perfil, vestidas de una densa selva tropical. El murmullo inconfundible del mar estrellándose contra los arrecifes se hizo presente en cuanto los reactores del avión dejaron de tronar.

Se trataba de una isla, como lo comprobé cuando cumplí mi primera misión. Debía seguir una ruta marcada en clave sobre un mapa criptográfico y seguir las señales de las audio-guías, volando a gran altura para no ver nada bajo el cielo, salvo un piso de nubes. Pero al despegar pude observar el mar azulado y los contornos de la isla. Durante el vuelo, las señales fueron lacónicas: después de tantas millas más arriba, viraje a la izquierda. Después de tantas otras, sobre el punto marcado X-00, virar tres grados a la derecha. Unas millas más y descender tantos pies sobre *el punto utópico X-000. Diez segundos después, ni uno más ni uno menos, apretar un botón rojo, situado a mi mano derecha, cerca de los controles. Un trabajo para un robot bien adiestrado. Apretar ese botón...no le di importancia en el momento.*

* * *

Johnny se enerva. Un sudor frío que veo nacer en la raíz de su pelo, se convierte en un alud hasta formar una cascada que titila en su frente a la luz del quinqué. Cora lo calma y pasa un pañuelo por la frente de su amigo. Jhonny cierra los ojos, se reclina y sigue hablando así, como un ciego que busca un camino en el interior de su conciencia.

* * *

Días más tarde llegó la primera misión especial. Las órdenes eran bien claras: esta vez había que descender hasta avistar el blanco. Fue un vuelo tedioso y leí comics todo el tiempo, ya que el avión hacía todo lo demás, a ratos preguntándome sobre qué país volaba. Después de mucho tiempo una señal roja, intermitente, anunció la proximidad del blanco. Desconecté el piloto automático, empuñé los controles con la mano izquierda para iniciar el descenso y la derecha acarició levemente el rojo botón. Mientras contaba nueve...ocho...siete, penetrando en el banco de nubes, cuatro, tres, una blanca ciudad, enorme y diminuta apareció allá abajo; mi mano se crispó un poco, pero apreté el botón y esperé que el mundo acabara a mis pies, ver surgir el hongo gigantesco y un géiser de cadáveres y cosas proyectarse hacia mí. No pude soportarlo y cerré los ojos, lo que nunca había hecho al salir de un vuelo en picada. Esperé una explosión, zarandeos. No ocurrió nada y abrí los ojos cautelosamente aunque mi proa iba ya en sentido inverso y aquella ciudad que vi abrirse paso entre las nubes, ya no existía.

¿Qué había hecho? Tal vez algo inocente, tomar una fotografía solamente. ¿Y si no era así, si al accionar el botón había enviado muerte química o bacteriológica, o cualquiera de los engendros letales que colmaban los silos del Pentágono y las Agencias?

No es asunto mío, me dije una vez más. Cumplo órdenes y ellos cumplen órdenes también. Soy solamente un robot bien programado por la democracia.

* * *

Jhonny se puso a temblar como azogado. Me levanté y lo sujeté por los hombros, mientras Cora iba a buscar una pastilla para menguar la crisis. Volvió rápido, con una diminuta esfera azul celeste entre el pulgar y el índice que hizo comulgar a su amigo, a dientes cerrados, con mi ayuda. Me senté a esperar mientras ella friccionaba lentamente su cabeza. Las palabras volvieron antes que el mismo Jhonny.

* * *

...falcon number two calling nest one, falcon number two... Jhonny se había ido otra vez en el recuerdo. Sus ojos comenzaron a girar nuevamente enloquecidos y ya no nos veían a Cora y a mí y los blancos canceles de la habitación se rasgaban para dar paso a un hueco en las nubes, allá arriba, desde donde Jhonny se despeñaba en su avión como un pájaro autómata sobre ciudades incógnitas; y un botón rojo agrandábase, próximo a explotar en mil esquirlas y luego el silencio; regresar en silencio hasta la base,

115

blanca como un hospital, donde los aviones se alineaban bajo los hangares de aluminio.

—*Cambió de base muchas veces* — es ahora la voz de Cora, ronco portavoz de su amigo, continuando su relato deshilvanado. Muchas bases, enclavadas *en tierra de nadie*, en tierra ardiente unas, otras, azuladas en el blancor boreal, mimetizadas en la arena del desierto, amarillas otras y rojas y verdes las demás, en una alameda mediterránea tal vez, o en el Caribe.

Mi pobre Jhony, dice Cora, acariciando la rubia cabeza de felpa, ojos de vidrio ahora fijos más allá del aura del quinqué, como azules taladros del tiempo. *Jhonny enfermó* —dice Cora repitiendo ese gesto familiar de llevarse el índice a la altura de la sien y haciéndolo girar significativamente— no aguantó. La veo repentinamente desubicada. ¿Qué hace aquí fundida en este ambiente amarillo, como un collage anacrónico? Debería de estar tomando el té a la hora indicada, calándose los impertinentes en el palco de alguna ópera o trotando bajo una menuda lluvia, bajo un paraguas floreado. O descansando, ya definitivamente, en el óvalo de un portarretratos del siglo pasado, no aquí.

Fueron muchas bases, muchas misiones, dice repentinamente Jhonny, arrastrando las palabras. No me mira: le cuenta a ella, repite a la antigua muñeca su historia, una vez más sin noticias del mundo exterior, sólo rumores: Argelia, Cuba, Granada, Irán, Vietnam otra vez. Nombres extraños para él, los del Tercer Mundo, guerras no declaradas, misiones guerreras en nombre de la paz. Y otros rumores: megatones, rayos lasser, napalm, virus y bacterias, guerras microbianas y remontarse con su carga de no-sabe-qué-muerte y estar ocioso allá arriba y dejarse caer rompiendo nubes sobre el enemigo anónimo, al borde de los mares, en las estepas, sobre arrozales y cosechas y los diminutos pigmeos allá abajo, sorprendidos, esparciéndose al azar como topos asustados, enterrándose como raíces que nunca florecerán, incrustándose en la tierra para protegerse de él, Jhonny, el democrático ángel exterminador. Y apretar aquel botón en el momento preciso que ordenan las coordenadas y esperar siempre lo peor que nunca llega; pero tal vez, esta vez... *ellos saben lo que hacen, yo sólo aprieto un botón, todo está previsto por la cibernética. Soy un asesino constante, un mercenario. El asunto de la gasolinera, ya no lo haría. No es divertido. Ni tampoco esto de subir, subir, bajar y disparar el botón, tampoco es divertido, y regresar a la blanca base almidonada a comer hamburguesas día tras día, mes tras mes.*

* * *

—Éramos seis en la base. Hacía meses que volábamos juntos, en los grandes aviones de transporte, de base en base, con destino siempre deconocido, sólo frío o calor y especulaciones: África, el Lejano Oriente, tal vez Sudamérica, las Antillas. Quién sabe, qué importa. ¿Otra vez Vietnam? Despegando juntos para repartirnos por la Rosa de los Vientos y regresar preguntando ¿Cómo te fue? ¿Qué sucedió? — Me persiguió una escuadrilla y sobre todo ¿qué les mandaste? Hoy llevamos una bomba cualquiera, mañana tal vez una atómica, un puñado de virus. La cosa está que arde, you know.

Una pupila negra y ancha abre un abismo en el azul escuálido de sus ojos. *Me obsesioné*, dice, sudando ese grueso sudor que empaña siempre su piel —*desde el despegue no hice sino pensar que ese era otra vez el día de asesinar a mucha gente inocente. Mañana es hoy. No quería hacerlo, Cora darling, no podía hacerlo, el pulgar se negaba a apretar el botón.*

Jhonny se incorpora, sus ojos saltan, su cuerpo se encorva, su mano derecha aferra, hiperestésica, un control imaginario y la izquierda, el puño muy cerrado, sólo el dedo pulgar sobresaliendo tembloroso como una cabeza de cascabel, tiembla y se agita convulsivamente al entrar en un vuelo picado imaginario. Sus ojos se abren aún más, si esto es posible y se desgranan al ver emerger la ciudad imaginaria de entre las nubes: la ciudad se agranda y la nariz respingada de Johnny es una mira que apunta al blanco que viene hacia su encuentro; siete, seis, cinco y el color ha desaparecido de su epidermis transparente, transpira y el viejo catre donde está tendido se agita peligrosamente cuatro, tres, dos, uno, no pude, Cora, no podía, el pulgar se abate sobre el fatídico botón rojo y Jhonny escapa definitivamente de su nido, un halcón huyendo definitivamente de su nido. Sale de su descenso para enfilar la proa hacia cualquier otro sitio, nunca más volverá.

Cayó en aguas del golfo de México, a pocas millas de la costa, explica Cora mientras restaña el sudor de la frente de Jhonny. *Vino a parar aquí. Desde hace meses vive escondido, no tiene papeles, es un desertor.* Me ignoró de repente y se volvió hacia él envolviéndolo con su presencia susurrante. Jhonny, wake up. Juanito, despierta. Es un telón que cae sobre un acto único.

Salgo y me encuentro en la calle inhalando el aire polucionado por la lluvia química que cae sobre la ciudad. Sin embargo, *todo es hermoso aquí afuera esta noche*, me digo.

Incomparablemente hermoso

EL FABRICANTE DE ALMAS

Una vez más
acepte mi cordial agradecimiento,
mi querido y viejo amigo.
Ojalá hubiera en el mundo
más autómatas como usted.

De una carta de
Charles Darwin a Tomás Huxley

La imagen del Amigo
está colocada en el espejo del corazón
Siempre que voltees a mirarlo,
Allí lo podrás ver.

De un poeta anónimo Urdu

El expreso que conecta a la ciudad de Ankara con Estambul se deslizaba en la noche silenciosamente. En el compartimento que me había tocado en suerte apenas se notaba el movimiento del tren y recostado en dirección a la ventanilla miraba distraídamente hacia la oscuridad exterior, iluminada a trechos por las amarillentas luces de alguna granja. Vencido por el sueño, el libro que había estado leyendo, una edición turca del *Masnevi* la obra cumbre de Jalaludin Rumi, se deslizó de entre mis manos y cayó silenciosamente al suelo del vagón.

Cuando me apresté a recogerlo, en medio del sopor que me inundaba pude ver que había quedado abierto en una página donde se podía leer como epígrafe el aparte de uno de los poemas más significativos del autor:

En la amplitud de la Tierra de Dios

¿Por qué te has dormido en una prisión?

No alcancé a recoger el libro, porque alguien se me adelantó. Casi había olvidado al pasajero que estaba sentado frente a mí: a primera vista era un hombre común y corriente, el típico turco del centro del país, de estatura mediana, tez oscura, espeso bigote y nariz prominente sobre la cual brillaban unos ojos de impenetrable negrura. Vestía formalmente de traje y corbata y las puntas del cuello de su camisa habían sido ostensiblemente mal planchadas. Sobre el hirsuto cabello y sin lograr cubrirlo totalmente, un gorro turco de fieltro coronaba el conjunto. Llevaba consigo un portafolio Samsonite y había acomodado en el compartimento de equipajes un abultado maletín, todo lo cual le daba un sospechoso aspecto de vendedor ambulante.

Las manos nudosas del hombre, a todas luces provinciano, tomaron el libro y en lugar de regresármelo inmediatamente le dio vuelta para leer. Impuesto del epígrafe y del título, me lo extendió obsequiosamente dirigiéndose a mí en un inglés gutural:

—Veo que gusta de la buena lectura, caballero. *Me-vlana* es nuestro poeta más grande...[1]

Asentí dando las gracias brevemente, temiendo que mi compañero de viaje intentara aprovechar la oportunidad para entablar conversación. El sueño se había despabilado, así que intenté sumirme en la lectura nuevamente, pero evidenciando su propósito de socializar, el hombre continuó diciendo:

—También veo que Jalaludin Rumi, Mevlana, lo ha hecho despertar. Su pequeño gran poema sobre el sueño ha venido muy al caso. Estaba usted a punto de roncar como un bendito. ¡Ahora ya no podrá usted dormir!

Debió parecerle muy gracioso lo que dijo porque soltó una estruendosa carcajada en tanto que palmoteaba como un niño. Luego, recobrando la compostura y atusándose el bigote agregó seriamente:

—Le ruego disculpe la intrusión. Mi nombre es Mehmet Yavuz, oriundo de Konia y soy comerciante de profesión.

No me había equivocado. Dentro de un momento el hombre intentaría venderme algo. Sin embargo la mención de Konia despertó algo mi curiosidad. Era esa, casualmente, la ciudad donde había pasado la mayoría de su vida Jalaludin Rumi quien había nacido en la provincia persa de Khorasán, hoy Afganistán, en el mes de Septiembre de 1.207. Desde muy niño el futuro poeta y filósofo fue trasladado a Konia por su padre, quien huía con toda su familia de una persecusión local y también de las hordas

---

1.   Mevlana, «Nuestro Maestro». En el Medio Oriente Jalaludin Rumi es conocido por el apelativo de Mevlana.

invasoras de Genghis Khan, hasta que finalmente encontró protección en Turquía bajo la égida de la dinastía de los Selyukides.

Así que allí, en Konia, el poeta había compuesto el *Masnevi*, impartido su enseñanza y compartido con su maestro y amigo, el misterioso Shams de Tabriz. La añeja ciudad se convirtió en un centro de peregrinaje y en la legendaria sede tradicional de los Mevlevi, la orden de los llamados derviches giratorios que el mismo Rumi había fundado en el siglo XIII. Hoy en día sus integrantes sólo están autorizados por el gobierno turco para efectuar cada año una representación pública de la ceremonia del Sema, como se denomina la danza de los Mevlevi, ya que a principios de este siglo Kemal Atatürk la había proscrito, en su inútil afán de occidentalizar a Turquía y barrer de su geografía toda expresión tradicional.

—Las casualidades no existen, estimado amigo—, dijo el turco adivinando mis pensamientos. —No es el azar lo que ha hecho que yo viaje en este tren rumbo a Estambul, como usted también lo hace, ni que esté sentado enfrente suyo, ni que el libro que usted lee haya caído de sus manos en un momento de inconsciencia, ni que haya quedado abierto precisamente en esa página. Alguna vez Mevalana dijo refiriéndose a la forma en que impartía su sabiduría: *Las personas acuden a mí y yo las amo. A fin de que puedan comprender, les doy poesía.* Siglos después de su desaparición, el numen del Maestro sigue cumpliendo su misión. Todo está unido por hilos invisibles, estimado señor, sólo que no podemos ver el principio ni el fin de cada uno de ellos, ni el origen ni el destino de las cosas, ignorando por lo tanto su verdadera utilidad»

Estaba seguro de que el hombre iba derecho a venderme algo. Sólo que ya se perfilaba como uno de esos singulares magos, *merolicos* o *culebreros* de feria cuya mercancía suelen ser ungüentos y panaceas, yerbas, chochos y brebajes para curar desde la impotencia hasta la tuberculosis galopante, *aromoterapias* para los malos humores y placebos de colores para vivir mejor. Así que suspiré en espera de lo peor. Pero nuevamente el hombre se me adelantó:

—Con el perdón suyo, caballero, puedo ver que su mente está llena de prejuicios hacia mí. Sin embargo *recuerde que el hábito no hace al monje sino a quien lo mira*. En efecto, como yo mismo se lo he dicho, soy un comerciante y usted se pregunta qué puedo vender. Cuando lo descubra, a lo mejor usted mismo va a rogarme que le venda algo del material con que trafico. La vida está llena de sorpresas, mi estimado señor.

Comencé a sentirme incómodo. La forma de expresarse del señor Mehmet Yavuz era algo pedante y por los tiempos que corren, la palabra «tráfico» podía implicar muchas cosas relacionadas con la droga. Por mi mente pasaron en rápida secuencia las imágenes del *Expreso de Oriente* y las pavorosas prisiones turcas. Lo más recomendable era cortar por lo sano antes de verme envuelto en algo que desconocía. Así que enuncié en un tono cuya inflexión no dejaba lugar a dudas:

—Lamento mucho, señor Mehmet, pero me temo que no necesito nada de usted. Si me lo permite, regresaré a mi libro. Dicho lo cual, intenté de nuevo enfrascarme en la lectura. Inútilmente. La curiosidad rondaba en mi cabeza sin dejarme concentrar. El estado de sueño y la inexistencia del azar no eran temas que abordara un ignorante. Y la referencia que el turco había hecho acerca *del hábito, del monje y de quien lo mira*, podía ocultar más que un banal doble sentido. Además, el hombre parecía leer mis pensamientos y hasta lograba adelantarse a ellos. En ese mismo instante, *yo sabía que él sabía* lo que estaba pensando.

—Todo es previsible, mi estimado señor. Pero especialmente en un hombre como usted. Sus reacciones obedecen a cierto tipo de estandarización, responden a lo que usted denomina sus valores y que yo llamaría su programa. Usted es lo que en occidente se llama un hombre culto. Lo cual para *nosotros* quiere decir que tiene ciertos prejuicios sólidamente establecidos y que reacciona ante los estímulos exteriores maquinalmente, como una computadora previsible.

Y en efecto, como si estuviera contestando a una pregunta mía agregó:

—Conozco la inquietud que expresó el doctor Tomás Huxley con relación a lo que él llamaba «la máquina biológica». En realidad ni él ni su asociado el señor Darwin se equivocaban al aseverar que el hombre es solamente un aparato sin voluntad propia, un androide manejado a control remoto por muchas cosas, entre ellas la herencia genética, el medio ambiente y la química del carbono. La teoría de la evolución de las especies es una prueba palpable de ello: el ser humano es prisionero de un destino prefabricado de antemano por sus ácidos nucleicos...lo que no supieron ver es que hay una forma de salir de esa prisión y que el hombre puede ser dueño de su propio destino.

—No vaya tan rápido, mi estimado señor Mehmet—, le interrumpí. —El asunto no es tan fácil. Una simple máquina no puede ser genial. Se requiere una gran dosis de creatividad para ser un gran artista, un músico o un escritor, por ejemplo. Y a decir verdad, para ser usted un comerciante, no lo hace nada mal con la filosofía, pero todavía le hace falta recorrer mucho camino...

—Gracias por su indulgencia. Enseguida se echa de ver que es usted un académico. Yo en cambio no tengo ningún diploma que exhibir. Sin embargo, creo que lo que usted anota respecto a la genialidad de los intelectuales y los artistas no corresponde para nada a la realidad. Si bien es cierto que las máquinas, hasta el momento, carecen de la inspiración necesaria para escribir por su propia cuenta obras maestras de la música o la literatura, no es menos cierto que lo mismo sucede con el común de los mortales. Lo que usted sostiene implica una discriminación, quiere decir que la mayoría de los hombres nunca han escrito una novela ni compuesto una sonata y sin embargo se toman por humanos.

El cinismo del turco pasaba de la raya. Sin quererlo me había involucrado en una absurda discusión con el desconocido. Pensé que lo mejor sería hacer caso omiso de lo que decía y tratar de volver a la lectura de mi libro. Pero algo en mi forma de ser me lo impidió. Diríase que aquel hombre sabía cuales resortes mover en mi interior para llevarme a donde él quería, porque me sorprendí respondiendo en un tono de voz ligeramente alterado:

—Nunca he dicho semejante cosa. Jamás he discriminado a nadie, me precio de ser un liberal y un demócrata.

—Pues francamente hablando, no lo parece. Usted considera a los artistas y a los intelectuales como una elite, piensa que son una clase separada de los demás seres humanos. Me imagino que también considerará seres superiores a los científicos y seguramente a los políticos. Pero una vez más. La inmensa mayoría de las personas nunca han sido presidentes, ministros, ni siquiera diputados o alcaldes y menos aún descubridores de una vacuna contra algún virus infernal. Jamás saldrán en los periódicos ni serán entrevistados por televisión y tampoco habrán de ascender a posiciones que les permitan tener prebendas y codearse con otros pretendidos superhombres. ¿Porque de eso está usted hablando, verdad, mi querido profesor? De superhombres.

—Nada de eso—, respondí pacientemente. —Estoy hablando exclusivamente de diferentes grados de inteligencia...»

—*Ergo*, la posesión de una inteligencia superior implica una superioridad sobre los demás. ¿Y cuáles son sus parámetros para medir la inteligencia de los hombres? ¿Cree usted realmente que Beethoven o Goethe fueron más inteligentes que el jardinero de su casa o el peluquero de la esquina? Seguramente usted gana más dinero y es más famoso que su secretaria. ¿Pero es por eso más inteligente que ella?

Sin darme tiempo a interrumpirlo, el hombre continuó:

—Nosotros creemos que no hay ninguna desigualdad real entre los seres humanos. La única distinción que hacemos es aceptar que hay hombres que permanecen dormidos toda la vida y unos pocos que han logrado despertar. Y este despertar depende íntegramente de su voluntad. Las otras diferencias se deben simplemente a una variedad de programaciones. Pero esto no implica ninguna distinción esencial. Por el contrario, significa una espantosa estandarización. En realidad, no hay ninguna diferencia entre usted y el hombre que recoge la basura, ambos obedecen a programas distintos, eso es todo.

Me abstuve de preguntarle a quien se refería cuando hablaba de *nosotros* y de preguntarle que era eso de hombres dormidos y hombres despiertos. Evitando verme envuelto en una discusión emocional, preferí señalar, en tono neutro:

—Entonces digamos que unos programas son mejores que otros...

—En absoluto. Ese es un error de apreciación. Las diferencias económicas, sociales y culturales son apenas archivos diferentes que pertenecen al mismo directorio general: el de hombres-máquinas, esclavos de un determinismo total, que sueñan la ilusión de vivir en libertad.

—¿Y qué decir de las inteligencias frustradas por motivos de orden social y económico? Este mundo está lleno de violinistas que trabajan como ascensoristas y de estupendos ascensoristas que tocan horrendamente el violín. Algunos tienen muy mala suerte...

El hombre pareció enojarse seriamente. Sobreactuando, como buen meridional, dio un puñetazo sobre el portafolio en tanto que vociferaba:

—¡Por todos los demonios! La palabra suerte debería ser borrada de los diccionarios. La gente sigue achacando a la mala o buena suerte lo que sólo atañe a su propia responsabilidad. No hay nada que obedezca a la casualidad, ni siquiera este encuentro aparentemente fortuito. Todo obedece a un programa trazado de antemano.

—Su contradicción es muy obvia—, le atajé. —Por un lado habla de responsabilidad y por el otro de un determinismo absoluto. ¿Cómo pueden la libertad y la esclavitud ir de la mano?

—Nunca dejarán de hacerlo, *pedazo de tonto*.

—Mi indignada reacción ante su falta de respeto se vio inhibida porque la entonación del hombre tuvo una inflexión inesperada: había adoptado un tono casi paternal y su voz tenía ahora una modulación persuasiva. Así que me contuve y el hombre continuó diciendo:

—Así como el día y la noche no pueden separarse, la vida no puede existir sin la muerte ni la libertad sin cárcel. A eso ustedes lo llaman dialéctica, pero en la práctica sólo quieren quedarse con el lado bueno o con el lado malo de las cosas. Eso es vivir fuera de la realidad. La vida, en esta dimensión, está literalmente hecha de contradicciones, pero no es buena ni es mala, solamente es.

No agregué nada por considerarlo inútil. Tampoco intenté proseguir la lectura, simplemente volví a contemplar la noche a través de la ventanilla. Estaba ansioso por llegar a Estambul. Una vez terminada mi labor en la universidad me había prometido unos días maravillosos en esa ciudad de las mil y una noches, pletórica de historia y de misterio. Y aunque parezca tonto, uno de mis más grandes deseos, aparte de volver a la catedral de Santa Sofía y visitar el Topkapi, antiguo palacio de sultanes que guarda entre sus vetustos muros maravillosas joyas, era tomar un largo baño en el Cagaloglu, el *hamami*[2] más antiguo del mundo, que se encuentra a unas pocas cuadras de la Mezquita Azul. Construido en mármol blanco durante el Imperio Romano, sus enhiestas cúpulas y extraordinarios relieves abrigan un escenario tan evocador y misterioso que ha sido escogido varias veces como locación cinematográfica.

A partir de ahí estos pensamientos míos dieron pábulo a toda una secuencia de hechos imaginarios y mi mente viajó hacia un pasado remoto en donde bellas huríes danzaban en el serrallo del Topkapi, con el maravilloso paisaje de un atardecer sobre las aguas del Bósforo como telón de fondo. La bailarina más bella tenía las facciones y el cuerpo de una mujer que por ese entonces se adueñaba frecuentemente de mis pensamientos. Las imágenes que siguieron se encadenaron una tras otra a gran velocidad y como sucede siempre en estos casos, perdí la noción del tiempo mientras navegaba con la imaginación.

---

2.   Baño de vapor.

Esta vez el silencio me sacó del ensueño. Ante mi sorpresa, el otro ocupante del compartimento no había interrumpido mis divagaciones. En cambio pude advertir que me miraba de soslayo, con una expresión intensa que subrayaba en su rostro una sonrisa burlona.

—Parece usted muy divertido observándome, señor Yavuz. ¿No tiene otra cosa que hacer?

—Nada mejor, estimado amigo. El espectáculo del sueño ajeno siempre me ha embargado. Es muy interesante observar a un individuo que carece de existencia real. Cuando usted sueña despierto no está en ninguna parte. *El pasado ha muerto, el futuro no ha nacido y el presente está agonizando.* Sin embargo ese presente que muere y nace a cada instante es lo único que tenemos a nuestra disposición. ¿En dónde estaba usted entonces? En la nada absoluta. Aunque su cuerpo estaba ahí sentado, usted estaba ausente. No existía, simplemente soñaba. A esto se refiere Rumi cuando pregunta: *¿Por qué te has dormido en una prisión?*

Habíamos retornado al principio de la conversación. Era Rumi quien había dado pie para que comenzara y era Rumi quien volvía a reanudarla. El turco, a quien ahora miraba con más respeto, sabía atar cabos. Es bien sabido que los poetas sufíes se expresan en diferentes niveles: bajo la constelación de orgías, vino y mujeres del *Rubayata* de Omar Khayam, por ejemplo, se esconden significados ocultos que atañen a conocimientos que son proverbialmente perseguidos por racionalistas y fundamentalistas de toda laya. Yo había oído antes en alguna parte y leído entre líneas también, que algunas escuelas filosóficas orientales sostenían que la vida es sueño, como lo había enunciado obviamente también Calderón de la Barca entre nosotros. El famoso cuento chino de Chuang Tzú quien soñó ser una mariposa y al despertar no supo ya si era Tzú quien había soñado ser una mariposa o si era una mariposa que había soñado ser Tzú, ilustra a la perfección el gran interrogante que algunos hombres de excepción se han planteado con relación a su conciencia. Era el mismo dilema que ahora abordaba, en forma muy pragmática, un comerciante turco de quién sabe qué cosa, en un vagón del tren expreso a Estambul. Sin embargo mi arraigada formación cartesiana sólo me llevó a decir:

—Pienso luego existo... expresó un gran filósofo, mi estimado Mehmet.

—Pamplinas —dijo el turco—. Yo más bien diría: *pienso luego sueño que existo*— agregó mientras me dirigía una mirada singularmente intensa. Una absurda idea me asaltó: *evidentemente ese hombre quería comunicarme algo inexpresable en palabras e intentaba fijarlo por otros medios en mi corazón.* Luego agregó, como quien no quiere la cosa:

—Debo serle sincero, mi estimado amigo. En realidad soy un comerciante y por lo tanto un vendedor. Yo vendo lo que produzco: soy un fabricante de almas.

Aquello llegaba a extremos de presunción inesperados. Todo lo que había dicho el turco hasta ahora sonaba muy extraño, pero razonable. Ahora esta declaración espontánea de insania evidenciaba una mente esquizofrénica.

—Como de costumbre, usted pensará muy mal de mí y decidirá que estoy loco, distinguido profesor.

Su voz sonó cansada, algo lejana, como de alguien aburrido de repetir una historia que ha narrado muchas veces.

—Cuando alguien no entiende algo, resuelve que ese algo no es verdad. No estoy loco, estimado amigo. Lo que sucede es que todo lo que yo digo contradice una programación que usted tiene entasada en su *disco duro* desde hace mucho tiempo. Pero esa información es espuria, no pertence a su programa original. Le ruego que me escuche detenidamente aunque mis palabras causen *automáticamente* en usted una reacción natural de rechazo.

Había subrayado la palabra *automáticamente* con una entonación muy especial. Carraspeó aclarándose la garganta y luego continuó diciendo:

—Cuando se dice, ante el atroz espectáculo de las guerras, los desastres ecológicos y otras calamidades ocasionadas por los hombres, cuando se dice, repito, que esta es una *humanidad desalmada* no es un eufemismo, es una aserción literal. Los hombres, estimado profesor, no tienen alma. Y si alguien quiere una yo puedo fabricársela.

Mi risa pareció no molestarle. El turco me había hecho pasar por muchos estados emocionales y ahora me estaba divirtiendo genuinamente. Según su forma de ver, una máquina biológica también podía reír automáticamente, así que mi jolgorio carecía de importancia.

—Ustedes han sido convencidos de que el alma (algo que nadie sabe a ciencia cierta qué demonios es) viene incorporada al ser humano desde su nacimiento. Nada más falso. El hombre no viene completo a este mundo. Procedente de las capas mas bajas de la naturaleza, en su evolución biológica ha llegado a adquirir la forma humana, pero está lejos de ser un hombre concluído, *Insan Camil*, «un hombre perfecto», como dicen los musulmanes. Esa es precisamente la misión que debe cumplir todo proyecto de hombre recién llegado a este planeta, perfeccionarse a sí mismo. Es algo que debe lograr por un esfuerzo continuado de su voluntad. Y en ese esfuerzo radica la única posibilidad que tiene de ser realmente dueño de sus actos y de su destino. Yo solamente me limito a introducir en un proyecto de hombre la semilla del despertar. Lo demás es cosa suya.

Acto seguido pareció perder interés en la conversación, echó un vistazo a un antiguo reloj de bolsillo que sacó de las profundidades de su chaqueta y procedió a extraer de su maletín un paquete que abrió cuidadosamente. Contenía un gran sándwich de pescado ahumado y queso fresco. Con un ademán me insinuó que podía compartirlo conmigo, pero ante mi negativa procedió a devorarlo concienzudamente.Yo había enmudecido. Los filósofos naturales tienen la virtud de no respetar ningún tabú, pensé para mis adentros. Sin embargo, las extrañas ideas del turco rondaban en mi cabeza y la desazón causada por su intensa mirada persistía causandome una inquietud extraordianria.

Un poco para evitar el espectáculo gastronómico y también porque el apetito del turco había despertado el mío, decidí que un cambio de ambiente me vendría muy bien así que después de desearle un buen provecho salí del compartimento en busca del vagón restaurante.

Una vez allí encontré sitio en una mesa vacía y me acomodé nuevamente al lado de la ventanilla. Ordené al mesero antipastos turcos acompañados de una botella de Rosé d'Anjou y procedí a mirar en torno mío. El vagón restaurante estaba casi vacío, eran pasadas las diez de la noche e imaginé que la mayoría de los pasajeros ya habrían cenado. No pude localizar ninguna mujer bonita, que es lo primero que automáticamente suele capturar mi atención en los lugares públicos y observé apenas a dos parejas jugando a las cartas y constaté que no había nadie digno de interés. Así que procedí a consumir las viandas, al mismo tiempo que degustaba el estupendo vino.

Como es inevitable al comer solo, mi imaginación comenzó a vagar otra vez. Así que al terminar la comida, *no supe en dónde había estado realmente* todo ese tiempo. Ante mí tenía los platos vacíos y en la copa restaba algo de vino. Si bien podía recordar vagamente algunos momentos de presencia, cuando había llamado al mesero para pedirle algo y otros en que mis sentidos me habían sacado de mis pensamientos, por primera vez en la vida constataba que había comido mecánicamente sin que a ciencia cierta pudiera haber dicho dónde había estado mi conciencia mientras lo hacía. Comprobé que ese era mi estado habitual. Y no pude menos que reconocer que había pasado la mayor parte de mi vida en esa lamentable condición de enajenación y ausencia de mí mismo.

Me invadió la certeza de ser un robot con apariencia humana *y me encontré como un extraño dentro de mi propio cuerpo*. Experimenté cierta dificultad para moverme y algo en mí comprendió que había hecho parcialmente conscientes algunos mecanismos servomotores de mi organismo y la reacción que ésto producía era de una cierta torpeza mezclada con asombro. Podía verme a mí mismo como un androide que pugnaba por ser hombre.

A mi alrededor constaté que las personas estaban evidentemente dormidas a la realidad y percibí que actuaban como sonámbulos. Uno de los hombres que estaban jugando cartas se enfureció por algún motivo baladí y con el rostro enrojecido por la cólera tiró los naipes y manoteó sobre la mesa, rompiendo un vaso. Luego se levantó y en actitud soberbia, abandonó el vagón: era la patética imagen de un muñeco de carne. No se veían mejor los que quedaron, las sonrisillas nerviosas y las grotescas actitudes que tomaron eran la representación de una tragicomedia barata. Se diría que todos traían puesta alguna máscara.

La certeza vívida y punzante de que somos marionetas movidas por hilos invisibles, me acompaña desde
entonces. Comprendí que el vendedor ambulante era una
especie de derviche trashumante.[3] Me había «vendido» la
idea del despertar y en alguna forma me había conducido
a vivenciar el constante estado de ensueño en el que había
estado sumido desde siempre.

*Entendí entonces por qué es imposible liberar a un pri-
sionero que no sabe que está preso, o despertar a un durmiente
que sueña estar despierto.*

En ese preciso instante supe por qué Darwin había
sido un enfermo crónico de melancolía. Con excepción de
su amigo Tomás Huxley, nadie antes que él había obser-
vado tan detenidamente el condicionamiento esclavizante
al que nos tiene sometidos la llamada evolución de las
especies, en cuyo desarrollo y resultados consecuentes
nuestra conciencia no interviene para nada. La visión de
esa tenebrosa prisión debió causar en él las crisis depresivas
que lo atormentaron hasta el día de su muerte.

Por un momento creí ver reflejado en el cristal de la
ventanilla del tren el rostro burlón de Mehmet Yavuz y
sentí su mirada de acero clavada en mis ojos. Di la vuelta,
pensando que aquel era un auténtico reflejo pero no había
nadie tras de mí. De repente supe que mi compañero de
viaje conocía el secreto de la liberación y sentí la imperiosa
necesidad de hacer al señor Mehmet Yavuz partícipe de mi
extraña experiencia y plantearle mil preguntas. Me paré

---

3.   Derviche, del persa «darwish», pobre. Se refiere a los sabios men-
      digos itinerantes que impartían su conocimiento en los lugares que
      visitaban.

como un resorte, dejé unas cuantas liras turcas sobre la mesa y salí corriendo torpemente en busca suya.

Cuando abrí la puerta del compartimento lo encontré vacío. El derviche no estaba, su portafolio y el maletín habían desaparecido. Comprendí que nunca lo volvería a ver. Yo quedaba entre dos aguas, siendo testigo de mis sueños y tratando de despertar al mismo tiempo. Ahora me encontraba solo ante la ignota tarea de fabricarme un alma. Del libro colocado sobre mi asiento sobresalía un trozo de papel. Me apresuré a abrirlo en la página marcada. Hallé subrayado este poema en donde se canta el más grande anhelo al que un ser humano puede aspirar:

> *No soy de agua o de fuego*
> *Ni del viento que aturde mi cabeza*
> *No soy de la tierra cerámica marcada*
> *Yo me río de todos ellos.*

* * *

Llamado «emisario de un mundo desconocido», Shams de Tabriz es identificado legendariamente con el misterioso Khidir o «guía oculto» de los sufíes, que aparece y desaparece esporádicamente de la vista de los hombres. Aunque el origen y la vida de Shams son completamente desconocidos, históricamente se reconoce que después de haber sido visto en Damasco y en Aleppo, se estableció en Konia y que permaneció allí tres años al cabo de los cuales desapareció súbita y misteriosamente. Algunas fuentes autorizadas dicen que Shams cayó asesinado una noche de Mayo de 1.247 a manos de fanáticos ortodoxos. Original e irreverente, Shams ejerció una gran influencia sobre la vida y obra de Rumi quien escribió en memoria suya un libro de poemas, *El Diván de Tabriz,* en donde el Maestro señala que definitivamente la Verdad no puede encontrarse en ninguna religión, institución o grupo sino en el interior de cada ser humano.

LOS HÉLMIDOS

El cohete osciló, meciéndose suavemente y se posó en la vasta llanura color ocre. Al abrir la escotilla una oleada de aire cálido me azotó el rostro. Salté a la superficie del planeta y caminé hacia el horizonte. El cohete quedó atrás como un plateado pez y la arena se incrustó en mis pies descalzos. Las aletas de mi branquicosmos —mutación inherente a los viajeros siderales— trabajaron vivamente, inundando mis entrañas del sofocante calor de este planeta.

El cielo es amarillo, sin nubes, y no hay punto de referencia alguno en el horizonte de dunas. El viento arrecia y levanta una cortina roja que cubre el firmamento. El mar parece galopar sobre sí mismo y las dunas ondulan y cambian de sitio sin cesar, multiplicándose. Penetro en el viento casi sólido y me sumerjo en el calor, hacia la nada, abriéndome paso por entre la muralla de talco rojo, sofocado, jadeante. Mi piel se ha tornado dorada y cobriza, patinada como una antigua aleación.

* * *

La historia de este planeta y de sus posibles habitantes está rodeada de misterio y se dice que este mundo está situado en el gozne de los tiempos. Los primeros hombres que llegaron a este planeta, que antaño fuera lleno de verdor, llegaron expectantes, ávidos. Llegaron riendo, haciendo relucir los brillantes trajes espaciales, pisando recio con las pesadas botas, sojuzgando a las razas autóctonas y haciendo gala de una tecnología devastadora.

Más de un milenio después sus descendientes, deprimidos por alguna razón desconocida, quisieron regresar. Bostezando, llegaron a la orilla del gigantesco mar de ocre en que se había convertido este planeta, esperando encontrar los viejos cohetes, así estuvieran oxidados y mustios. Iban secos, hastiados, y sus caras cetrinas llevaban el estigma del viento hirviente del planeta. Miraron, buscaron, indagaron inútilmente corriendo sobre la arena: no hay cohetes, los cohetes son de arena, cada duna es un cohete, una entelequia. Como topos ansiosos horadaron la arena en busca del metal, inútilmente.

De ese entonces, sólo quedan las consejas que cuentan los viajeros del cosmos, veteranos de largas escalas siderales: *...alguien quedó o alguien siempre estuvo, alguien, un pueblo que aún vive en el maldito planeta, en las inmediaciones del rojo mar de arena...*

Sean lo que fueren, debo encontrar al pueblo de los hélmidos. Si encuentro a sus descendientes, mi ausencia de años luz de mi Tierra natal estará justificada. Porque en torno a ella alguien me espera, a bordo de un satélite artificial, construído por mis propias manos. Ese es mi hogar. Desde su escotilla de proa, una niña que me espera teje una larga capa que cubre el firmamento. A ella pertenezco, pues el hombre, hoy como siempre, pertenece a lo que ha hecho. Y sin embargo aquí estoy, a miles de años-sombra de distancia, buscando una utopía.

El camino es difícil, no sé a dónde conduce, no hay camino. Mis huellas se borran antes de nacer. Tengo caldeadas las meninges y mi boca sabe a cobre. El cohete ha desaparecido entre las dunas. El calor...este calor abominable, seco, me convierte en pergamino.

Curiosamente, las dunas han comenzado a bailar en torno mío una zarabanda infernal.

* * *

La hembra lo encontró a la orilla del mar rojo, cubierto parcialmente por la resaca arenisca. Miró el desfallecido cuerpo, la piel cubierta del extraño pigmento de los hombres de otros mundos y contempló asombrada las pequeñas branquias aleteando débilmente a lado y lado del cuello.

Hoy como ayer, como todos los días de helmídica memoria, la hembra había cumplido el rito del Divino Diccionario, unida a la inmensa caravana que todas las mañanas hace el trayecto desde las habitaciones rupestres hasta el Santuario de la Lengua. De regreso lo encontró, apenas cubierto por la arena rojiza. Vio las branquias jadeantes y comprendió que era un hombre diferente.

* * *

Desperté a una pesadilla, llegué a pensar que eran un mal sueño producido por la arena interminable, las dunas movedizas y el calor. Pero despertar es a veces peor que seguir soñando y lo que veo ante mí, es peor que el desierto que he dejado atrás.

Tres de ellos vienen hacia mí. Uno es hembra. Se acercan dando saltos con sus piernas pecosas y retráctiles y un aire de académicos impenitentes. Vienen sonrientes, me rodean con sus ojos saltones girando inexplicablemente. Se ven muy orgullosos y no sé qué razón tengan para estarlo.

Uno de ellos, el más alto, sigue la dirección de los dedos de la hembra al señalarme. ¡Habla! Habla mucho. Acciono disimuladamente el multilingüe integrado a mi organismo y le entiendo. Es una lengua terráquea poblada de arcaicismos.

—*Yo soy Miotr, gran regente del Santuario de la Lengua. Bienvenido al Planeta Rosa, caballero.*

* * *

Los hélmidos viven una vida fuera de lugar. Nada de lo que dicen o hacen tiene validez alguna, salvo la proporcionada por el diccionario. Por lo tanto las palabras para ellos tienen un valor conceptual pero son completamente inútiles, porque sus conceptos no concuerdan con la realidad.

Los machos acusan un gran deterioro físico que se agrava a causa de que su única actividad está encaminada a ensalzar su ego. Hay grupos dedicados al estudio de la economía: una destacada comisión de profesionales del ramo discute intensamente durante todo el día sobre Reforma Agraria, olvidando que el planeta carece de vida vegetal. Una Tecnología desaforada terminó con ella y se suicidó después, lo que no impide que entre los hélmidos exista un experto en la flora terrestre desaparecida. Contemplo al botánico revisar su libreta plagada de notas sobre hibridación soñando en crear nuevas especies: su aire de sabio

140

distraído no le impide pellizcar las nalgas de cualquier hélmida que le pase por delante. Hay ecólogos como arroz. Abogados y políticos. Los hay de derechas y de izquierdas y otros que prefieren el día a la noche y polemizan al respecto, ignorando que el hombre puso en práctica hace milenios *la ciencia de ver uno con dos ojos.*

Hace varios días que estoy entre ellos. En el fondo estoy contento: por fin he encontrado el pueblo de los hélmidos. El planeta es seco como una inmensa piedra pómez y por eso viven siempre sedientos. El viento hirviente azota este mundo sin clemencia, en oleadas continuas. ¡A este erial erosionado le llaman el Planeta Rosa! Viven en agujeros tallados en las rocas del farallón. En lo alto, está el Santuario de la Lengua y en el fondo, el infinito mar de arena.

Hay varios escritores entre ellos: usan gruesos lentes de corte señorial, se expresan con ceremonia y solemnidad y cultivan el ensayo social y la novela. Sentados al borde de sus cavernas se leen los unos a los otros y se aplauden, pero frecuentemente se pelean también, vociferantes y congestionados. Pitah, el pintor, efectúa grandes trabajos murales de corte cubista sobre el farallón. Pero todos ellos representan invariablemente al propio autor y su obra vuelve a comenzar todos los días.

Por lo demás, soy una celebridad entre los hélmidos y hasta cierto punto eso me agrada: soy el hombre extragaláctico con el rostro marcado por los viajes y las aletas de mi branquicosmos me hacen diferente. Pero sé que dudan de que yo pertenezca a una especie realmente inteligente.

Miotr está encargado de mi adaptación. Intenta hacer las veces de mentor y de psiquiatra. La petulancia y tosudez de Miotr no tienen límite: día tras día debo ir con él a consultar el Divino Diccionario. Pretende que el libro tiene un significado oculto y que en él está cifrado el destino de su pueblo.

* * *

Pronuncié la palabra nítida, lo más claramente posible. Dije: *Amor.* Deletreé la palabra, para mayor seguridad de ser comprendido: a, eme, o, ere, a-m-o-r. Fue inútil: se miraron entre sí parpadeantes, muy súpitos y uno de ellos —una hembra, por cierto— me miró con expresión desconcertada y —debo confesarlo— algo piadosa. Devotamente, Miotr recurrió a un viejo diccionario. Después de hojearlo con cuidado, encontró la palabra y leyó*: Amor: afecto por el cual busca el ánima el bien verdadero o imaginado y apetece gozarlo.* Me miró esbozando una sonrisa y tras él, escuché un graznido de la hembra hélmida. Miotr siguió leyendo una larga lista de intentos de definición y asqueado, desvié la vista hacia la entrada de la caverna, situada en lo alto de un acantilado: muy abajo, sobre el desierto rojizo, algunos hélmidos se paseaban gesticulando majestuosamente.

Dejé de mirar a los tediosos y gesticulantes seres. Interrumpí la lectura del diccionario y dije a Miotr:

—Es un problema semántico. Un asunto de lenguaje. Hace tiempo que el hombre superó el lenguaje lineal articulado, Miotr. No conducía a nada. O mejor dicho, sí: condujo a una realidad virtual totalmente desconectada de la realidad misma. La pérdida de la semántica de los símbolos fue fatal para la especie... desde entonces sabemos que con palabras no nos entenderemos nunca. Inclusive cuando son correctas, tan solo sirven para dar una aproximación muy lejana de la realidad.

Pero Miotr es metódico y analítico. Es una herencia de sus antepasados. Así que buscó en el diccionario: Len-guaje. Luego leyó orgullosamente: *Lenguaje: conjunto de sonidos articulados con los que el hombre manifiesta lo que piensa, o siente.*

¡Miotr no sabía que los eruditos habían sido reemplazados por los computadores! Aquello era demasiado absurdo. Miotr no tomaba en cuenta que todo es un lenguaje, que no solamente es lenguaje el construído con palabras o sonidos articulados. La naturaleza, el universo entero lo sabía muy bien. El cuerpo es un lenguaje, la danza es un lenguaje, los aromas son otro lenguaje, los colores también.... me reí y vibraron las estalactitas de la caverna donde los eruditos hélmidos tienen su museo. Allí, en un estante que más semeja un altar, guardan el viejo diccionario. Fingí entoces, haciendo mímica con mis manos en el vacío, crear un diccionario de la nada. Lo hojeé afanosamente. Lenguaje. Lenguaje, sí. Fingí leer. *Lenguaje: Sistema de comunicación usado por el hombre cuando abandonó el abecedario.*

Sentí enseguida que me había extralimitado. Mi broma no pareció causar ninguna gracia. Había cometido un grave sacrilegio: el diccionario es su Biblia. Miotr miró a la hélmida significativamente y ella hizo un gesto de solidaridad, mientras se ajustaba al caballete de la nariz los lentes, que le proporcionan un aire a maestra de escuela de lejanos tiempos. El intelectual hizo lo mismo con sus anteojos sin cristal y me dijo fríamente:

—*Eres un patán inculto, forastero.*

Intenté explicarle que existían en el universo formas de cultura diferentes a la suya propia, que se había estancado en el tiempo. Pero fué inútil. Masculló algo sobre Thomas Mann, con gesto de *sabelotodo* hizo un gesto señalando el Santuario de la Lengua y sentí un escalofrío de terror ante su dogmática determinación.

* * *

Seguí viviendo entre ellos por pura curiosidad, aunque ahora me doy cuenta que hay algo en mí que les pertenece. Para sorpresa mía, no tardé en descubrir que los hélmidos aman el cine. Poseen una cinemateca arqueológica en la que se acumulan latas y más latas de los antiguos films terrestres. La película preferida es una antiquísima reliquia, *La Dolce Vita*, de Federico Fellini. Después de cada proyección las mujeres salen como gatas exaltadas, dando saltitos *felinescos*, los ojos húmedos y ansiosos y el busto muy erguido. Los hélmidos son fácilmente influenciables y tanto los hombres como las mujeres se convierten en los personajes de guiones y novelas y viven las situaciones que han visto en la pantalla o que han leído en los libros, razón por la cual siempre están totalmente confundidos, ya que son incapaces de distinguir entre la vida real y lo imaginado.

En días pasados en el Santuario de la Lengua se leyó una novela de Blaise Cendrars: los hombres se trasladaron en grupos a la orilla del mar seco y se vistieron con grandes swéteres espesos a pesar del calor y sus mujeres se acodaron en las dunas al estilo de Marlene Dietrich, esperando la llegada de *paquebotes* fantasmas. Ellas esperan hombres embarcados en siniestras aventuras y algunas se han tornado prostitutas que exhiben amplios escotes y faldas pegadas al cuerpo, con la consabida *apertura democrática* que deja al descubierto sus piernas y una parte estratégica de sus muslos y fuman y beben con fruición tras de entregarse a sus machos —un poco aburridas— tras las dunas del mar rojo. Diríase que añoran todo el tiempo el calor de los reales cuerpos de marinos, el olor a verdadero tabaco, el sabor salobre de la verdadera entrega.

Hoy, han leído economía política. Las hembras van de un grupo a otro, vestidas con trajes sastres de dos piezas, de tonos muy severos y lucen el cabello anudado en la nuca. Llevan abultados portafolios bajo el brazo, que entregan a sus machos después de revisarlos con fingido detenimiento. Ellos discuten, conspirando, y de repente se levantan con la mirada ardiente puesta en el horizonte y despachan un discurso de oratoria trepidante. Todos los hélmidos estan enfermos de poder. Al caer la tarde, caen postrados del cansancio y de la borrachera.

Son amarillos de mañana, más que sus hembras. De sus poros escapa un olor que recuerda el formaldehído de las morgues: ellos le llaman Polo Club y también Cuero de Rusia. Beben mucho alcohol y poseen grandes cavas de wiskey escocés super añejo, una dotación para milenios. La barba crecida a medias y los ojos rojizos, algunos de ellos recuerdan a sus ancestros lejanos, los terrestres, cuando amanecían con resaca. Hoy precisamente hay un *cocktail* en el Santuario de la Lengua: se celebra el Noble Premio de las Ciencias Económicas y Sociales, que, naturalmente, ha ganado Miotr.

El recinto ha sido tallado por la erosión en la roca gigantesca y desde allí se divisa el mar ocre, con su neblina constante y sus mareas de dunas galopantes. Hoy he llegado con la caravana de hélmidos para acompañarlos en la celebración ritual. Todos se saludan entre si, es un mundo donde todos se conocen. Durante un momento fugaz he visto a la hembra hélmida que me halló, rasgando las medias caladas que cubren sus muslos de batracio en la grava del Santuario. Trata, con éxito, de llamar la atención. Tomo una copa y como todos, brindo por la cultura de los hélmidos. Tomaré otra también...y otra y otra más.

...la industrialización —que esquemáticamente se puede definir como el incremento de la proporción del sector manufacturero en la producción económica total, acompañado de avances

en la complementariedad inter-industrial, en la tecnología y en la organización— es uno de los rasgos más destacados...

Me escucho hablar a mí mismo. Parloteo y gesticulo con gran animación, mientras desciendo hacia el mar rojo en compañía de un distinguido grupo de hélmidos que a su vez gesticulan y parlotean. Miotr me mira con satisfacción porque cree que soy su obra. Las bellas mujeres toman notas de las cosas que digo y me lanzan miradas de aprobación. Estoy satisfecho de mi brillantez. Sopla una brisa fresca y el mar deposita en la playa una espuma ligeramente rosa. Pronto vendrán a pedirme autógrafos. La fama me asedia por todos los flancos y pronto seré galardonado con el Premio de los Premios. Este es el Planeta Rosa, claro está, fui un tonto al no haberlo descubierto antes. *Viéndolo bien* —sigo diciendo— *una de las exigencias del desarrollo* —todo está— *es que ese proceso lleva implícitos serios problemas y obstáculos* —todo está orlado— *para superarlos en costos sociales razonables*— de color de rosa. Definitivamente esta es una embriaguez deliciosa: me siento seguro de mí mismo, ya soy uno de ellos.

Cuando cae la noche, me reúno con Miotr y la Comisión de Estudios Semánticos, para interpretar el Divino Diccionario. Tarde o temprano descubriremos su significado oculto: el ritmo que lo hilvana y su vaga poesía esconden seguramente la clave de los tiempos. Oigo la voz de Miotr, recitando la interminable letanía:

—*Derrubio: detritos acumulados al pie de una cuesta empinada.*

—*Derrumbe: desprendimiento de tierras...*

—*Desagregación...*

En pequeños intervalos de lucidez recuerdo, sueño un satélite y una niña adorada bordando una capa inverosímil que cubre el firmamento. En esas noches de calor insoportable abandono el reducto y me interno en el seco mar de ocre. El horizonte de dunas me asedia por los cuatro ·puntos cardinales.

Busco un cohete. Debe estar cubierto por la arena carmesí, oculto bajo alguna duna. Pero hay miles de ellas y sólo una encierra el plateado cuerpo de la nave. Debo encontrarla, debo regresar a mi realidad perdida. Me arden los ojos de tanto sumergirlos en la arena. Busco una duna...tal vez aquella. Escarbo en la arena poseído por una ansiedad desconocida y mis manos dejan al descubierto una placa de metal. No es del cohete, es simplemente el banco del parque en el que acostumbraba sentarme con mi novia cuando apenas era un niño. Distingo mi nombre, grabado con una navajilla, al lado del nombre de ella, la niña de oro que me espera inútilmente. ¿Cómo demonios ha llegado hasta aquí? Y entonces me doy cuenta de que me encuentro en el planeta original, en ningún otro lugar más que en la vieja madre Tierra, convertida en desierto por obra y gracia de la raza de los hélmidos.

Cuando retorno al Santuario, Miotr ha vuelto a comenzar, irremisiblemente:

—*Amor: afecto por el cual busca el ánima el bien verdadero o imaginado*...él intuye que en torno a esa palabra, cuyo sentido no puede penetrar, gira el secreto del diccionario.

El señor de las ratas

Aquella mañana Gabriela se despertó juguetona y traviesa. Ignorando los llamados de su madre para que bajara a desayunar, lo primero que hizo fue dirigirse a saludar primero y a entablar luego una charla en voz baja y susurrante con su amigo más reciente. Amistad inadmisible para las mentes, según ella cuadriculadas, de sus padres.

Acuclillada en un rincón del desván Gabriela, cuya precocidad le infundía un aire entre aniñado y sensual, pasó de las palabras a los hechos, o mejor añadió a su salmodia de arrumacos leves caricias, aflorando apenas con las yemas de los dedos la suave piel del ratón. Erguido sobre sus patas traseras y las delicadas manos colgando inertes en una posición que inevitablemente recordaba a un marsupial, el animalito fruncía el hocico de placer al sentir los delgados dedos jugueteando en su cabeza. La voz agria de su madre volvió a llamarla perentoriamente. Obedeciendo a una súbita y maligna inspiración, la mujer-niña tomó al ratoncillo entre sus manos y ágilmente lo deslizó entre una bolsa del vestido para luego bajar las escaleras como una exhalación.

Embebido en la lectura del periódico matinal, su padre bebía a sorbos el humeante café mientras fingía ignorar la cantaleta que espetaba cotidianamente su mujer, quien interrumpió el diluvio de palabras ante la llegada de su hija. Gabriela se acomodó en su asiento y algo encorvada comenzó a cucharear desganadamente en el tazón de cereal. La andanada cambió de rumbo y apuntó a la menuda figura de la recién llegada. Traca-ta-trácata. Trácata-tá. Las imprecaciones maternas tabletearon como ráfagas de ametralladora:

—¡Eres una desordenada! ¿Cuándo aprenderás a ser puntual? Mira el desgreño que traes... Seguro que ni siquiera te has cepillado los dientes esta mañana! ¡Eres idéntica a tu padre, no sirves para nada! ¡A ver si comes como es debido, enderézate, deja de cucharear así y toma el desayuno como una persona decente!

Gabriela pareció sumirse aún mas en su tazón y el hombre apretó las quijadas tras la barricada del periódico. Ambos sabían que el diluvio de palabras podía prolongarse indefinidamente y que ningún poder humano podría detenerlo. Pero la única hija de los González tenía preparada una sorpresa: solapadamente sacó el ratón de los pliegues de su falda y lo dejó escapar bajo la mesa. El roedor corrió hasta tropezar con los pies de la mujer y subió prestamente por sus piernas hasta llegar a su regazo, para saltar luego sobre la mesa y adoptar la consabida posición de canguro bonzai, gesticulando y haciendo muecas burlonas en dirección a ella, atusándose de vez en cuando los bigotes con las manos diminutas.

El repentino silencio fue cortado por un grito desgarrador. Presa de un pánico incontrolable, la mujer se levantó como impulsada por un resorte y aullando como endemoniada echó a correr escaleras arriba seguida del ratón que buscaba sus talones codiciosamente. El hombre había abandonado su periódico y miraba la escena con ojos redondeados por el asombro, mientras que la muchacha observaba el drama con un aire socarrón. Enceguecida por el miedo, la mujer resbaló y dio al traste con su huesuda humanidad en el descanso de la escalera. Incapaz de recuperar el equilibrio, rodó dando tumbos hasta quedar exánime al pie de la escalera.

* * *

Meses después del accidente y luego de cenar, la pareja se encontraba nuevamente reunida en el comedor. Gabriela debería estar dormida para entonces. La señora González, la mirada destilando amargura desde su silla de ruedas, imprecaba a su marido:

—¡Eres un miserable y un cobarde! ¡No tienes sentido de la hombría! Tu mujer es salvajemente agredida por una bestia, que la convierte en inválida y tú ni siquiera eres capaz de tomar venganza. ¡No tienes vergüenza, ni siquiera intentas cazar a la maldita rata!

La verdad es que el señor González había tratado inútilmente de liquidar al ratón. Había regado veneno por todos los rincones y colocado trampas en el desván y otros lugares estratégicos. Pero invariablemente el veneno quedaba intacto y el queso que utilizaba como señuelo desaparecía de los cepos, sin que el ratón dejara de efectuar sus apariciones en público, que resultaban fatídicas para su mujer. Gabriela, cuyo comportamiento era cada día más singular, seguía en cambio manteniendo una tierna relación clandestina con el roedor. El hombre suspiró y bajó una invisible cortina en su conciencia para hacer inaudibles las palabras de la mujer. Era una técnica que había perfeccionado con el tiempo y en la que se había hecho un verdadero experto. Gracias a ella, la eterna cantaleta de su cónyuge no había logrado enloquecerlo.

En ese momento el hombre se ocupaba de volver a armar un antiguo encendedor que acostumbraba limpiar periódicamente. Ejecutaba su labor mecánicamente, con la misma exactitud con la que desmontaba y volvía a armar las piezas de su Smith & Wesson y de vez en cuando hacía lo mismo con el reloj de la cocina. Cuando desarrollaba esas tareas que parecían absorberlo, su pensamiento volaba a regiones donde la libertad señoreaba, muy lejos de la esclavitud doméstica a la que estaba sometido desde hacía tiempo. Mientras colocaba el delicado resorte del encendedor en su lugar, pensaba en las extrañas reacciones que las hembras experimentan a la vista de un ratón, capaces de acarrear consecuencias tan trágicas como el accidente ocurrido a su mujer. Su imaginación lo transportó entonces a un extraño mundo en donde oleadas de mujeres semidesnudas corrían desaladas por un escenario surrealista, huyendo de la persecución de una rata gigantesca.

Lo sacó de su ensoñación el sonido de la flauta que había logrado apagar el palabrerío de la mujer. Aunque no había recibido clases de música, Gabriela era una virtuosa precoz del instrumento, al que arrancaba melodías inéditas. La que se escuchaba ahora tenía un dejo oriental y por la mente del señor González pasaron exóticas imágenes de encantadores de serpientes y derviches misteriosos y a pesar de su escasa cultura literaria, también columbró la silueta del legendario flautista de Hamelin, quien liberó de una plaga de ratas a todo un pueblo mediante el mágico embrujo de una flauta traversa.

Una asociación súbita lo hizo mirar hacia lo alto. La música venía del desván. Sin detenerse a pensarlo, el hombre trepó a zancadas la escalera y penetró en la penumbra del estrecho recinto. Un rayo de luna iluminaba la escena que parecía arrancada de un libro de cuentos: Gabriela, su largo cabello lanzando destellos dorados en la noche, se encontraba sentada sobre un viejo almohadón, con las piernas recogidas al estilo de yogas y fakires, mientras tocaba la flauta con aire extático y ensimismado. Ante ella, bajo el plateado foco cenital de la luna, el ratón bailaba grácilmente una danza que recordaba ciertas coreografías ceremoniales del medio oriente.

La inusitada visión paralizó al hombre, repentinamente seducido por la singular belleza de la escena. Ignorando su presencia, niña y ratón continuaban su mágica representación. En medio de la utilería del desván, viejos arcones, sillas cojas, herramientas oxidadas y otros trebejos y antiguallas, la música de la flauta hilvanaba un maravilloso tejido de sonidos cuyo ritmo el bailarín seguía danzando sobre la patas traseras, las manos y el hocico en alto, ya girando sobre sí mismo como una peonza, ya desplazándose en brincos prodigiosos de un lado a otro del escenario improvisado. Los dos, niña y ratón, música y danza, se acoplaban a la perfección como si aquel concierto fuera el resultado final de una larga secuencia de ensayos y audiciones.

A pesar suyo, el hombre quedó sumido en la magia del insólito espectáculo. Pero la voz de su mujer vino a romper el encanto. Dominando el sonido de la música, provenía del hueco de las escaleras. Gritaba, pidiendo a gritos la muerte del ratón. Llevado por un automatismo que obedecía a su larga esclavitud doméstica, el hombre reaccionó obedientemente. Sin pensarlo dos veces empuñó un bate de béisbol que la fatalidad había puesto al lado suyo y lo descargó sobre el animalito, que extático en su danza, no atinó a escapar a tiempo. El golpe alcanzó a triturar los frágiles huesecillos de una pata trasera del ratón, que cojeando, logró guarecerse en su madriguera.

El aire de la flauta se extinguió y la muchacha quedó absorta mirando la mancha de sangre en el piso. Su mirada subió lentamente hasta encontrar los ojos de su padre. Y lo que vieron esos ojos en los ojos de la niña fue el resplandor de un odio inextinguible.

* * *

—A Gabriela siempre le han gustado los animales— comentó el señor González. Desde muy pequeña tuvo predilección por ciertas mascotas, agregó pensativamente— ¿Te acuerdas del conejo que dormía con ella cuando era casi un bebé? ¿Y del pato con el que jugaba en el jardín no bien aprendió a caminar?— Y después de una pausa: —Salvo los gatos. ¿Te has dado cuenta Priscila, de que nuestra hija no gusta de los gatos?

—Lo que a Gabriela no le gusta son los seres humanos— dijo la mujer acremente desde su trono de ruedas. —A nosotros nos odia. Ni siquiera nos dirige la palabra desde que heriste a la bestia. Parece importarle más un ratón que la salud de su madre.

Callaron un momento, mientras la televisión iniciaba un programa de noticias: nuevo fracaso de las conversaciones de paz en el medio oriente, trescientos muertos más en Colombia, violencia política y hecatombes ecológicas en todo el mundo. Las malas noticias se desgranaban como cuentas de un rosario fatal.

«Lo cierto es que el comportamiento de Gabriela se ha tornado más y más extraño desde la muerte del roedor», pensó el señor de la casa. «Si antes era solitaria, no trataba a los mayores y evadía la compañía de los de su edad, ahora se ha convertido en una ermitaña. En la escuela no cruza palabra con nadie, a tal punto que se ha malquistado con los que antes eran sus amigos. Rara vez sale de su habitación y el único lugar que frecuenta es el desván. Su única compañía parecen ser la música...y los ratones». Y ciertamente que el sonido de la flauta invadía la casa con sus aires exóticos, especialmente en las noches de pleniluio y cierto era también que la niña seguía experimentando predilección por los roedores. El hombre no pudo evitar el recuerdo de la maravillosa escena que había interrumpido tan brutalmente. «Para ser sincero, el ratón no tuvo la culpa de nada», dijo para sí. En realidad estaba arrepentido de haberse mostrado tan brutal en presencia de su hija. Se dijo que todo lo malo que sucedía en su hogar era ocasionado por la histérica de su mujer, que había convertido la casa en un infierno.

—Debemos hacer algo por nuestra hija— se atrevió a decir el hombre. Había mentido a su mujer diciéndole que había matado al ratón, pensando que esto aplacaría un poco su mal genio y que a lo mejor la mujer le cobraría cierto respeto. —Tal vez sería buena idea llevar a Gabriela con un psiquiatra— aventuró.

—Qué psiquiatra ni que ocho cuartos. Desde que mataste al ratón estás convencido de que eres Supermán y de que todo lo que dices es cierto—, martilleó la voz de la mujer—. Lo que esa niña necesita es disciplina. Un verdadero papá. Eres demasiado blando con ella y eso ha causado toda esta rebeldía. Yo no puedo hacer nada más, ya estoy cansada de hacer las veces de padre y madre. Especialmente ahora, relegada a esta silla de ruedas, no logro conseguir el respeto de nadie, menos de mi hija...

Como ya era habitual, el rictus de la amargura hizo un paréntesis en la boca de la mujer. Sumida en su autoconmiseración la una y el otro en sus pensamientos, no escucharon cabalmente la noticia que impartía en ese momento el noticiero de televisión:

La aparición de un sinnúmero de agresivas ratas ha causado alarma entre el vecindario del sur de la ciudad, donde se encuentran los silos que almacenan cereales y provisiones. Desde hace algún tiempo los roedores vienen saqueando los depósitos de alimentos y las despensas de las familias del sector. Todo ha sido inútil para ahuyentarlos. Parecen inmunes a toda clase de venenos y dan muestras de una insólita malicia. Pero, lo que es más grave....(el comentarista titubeó y aclaró su garganta, súbitamente enronquecida)...esta madrugada las ratas, dando muestras de una agresividad extraordinaria, hirieron de gravedad a varios empleados que intentaban combatirlas con lanza venenos a presión y dieron muerte a tres de ellos. Al parecer no hubo bajas en el ejército de ratas. Parecen genéticamente inmunes, como ha venido ocurriendo también todos estos años con otros animales y diferentes variedades de insectos. Noticias similares llegan de todas partes de país, indicando que la invasión de roedores se ha generalizado, amenazando cundir de epidemias la población... ¡Diríase que a pesar de los avances tecnológicos, hemos retornado a la Edad Media» —expresó el comentarista a *motu propio*, retomando enseguida el tono neutral que caracteriza a los profesionales de la comunicación televisada: «Las autoridades, hasta ahora apáticas al respecto, están desplegando todos su efectivos para contrarrestar la plaga. Un fax proveniente de Wáshington informa que...»

El señor González pasó un pañuelo por su frente, enjugando inútilmente las gotas de sudor que se abrían camino en su ceño fruncido. Por una vez, la mujer no atinó a pronunciar palabra. A continuación las noticias, cambiando de temática, dieron cuenta de varios desastres ecológicos ocurridos en el mundo y un experto en asuntos ambientales, al ser entrevistado, expresó un concepto sorprendente:

«Parece como si la Naturaleza estuviera combatiendo conscientemente una plaga que amenaza con extinguirla: la especie humana. Nos hemos convertido en un virus mortal para la Tierra y ésta parece defenderse, echando mano a toda clase de recursos poderosos que rebasan nuestros conocimientos. De creer a las antiguas tradiciones y también a los más recientes postulados de la ciencia, la Tierra es un ser vivo que está dotado de una inteligencia que no alcanzamos a entender. Pero los políticos y los industriales no parecen darse cabal cuenta de lo grave de la situación. Lo cierto es que somos desechables y que la Naturaleza puede equipar a otras especies con los atributos necesarios para llevar a cabo la misión cósmica que hemos olvidado...»

—Es cierto que las mutaciones genéticas pueden lograr en un santiamén lo que la evolución biológica tarda milenios en efectuar— exclamó el señor Gonzáles haciendo recurso a su inteligencia, ya casi extinguida por la falta de uso. —Tal vez no sea una casualidad lo que está sucediendo...— agregó en un murmullo.

—Deja de hablar estupideces— espetó la mujer, que odiaba lo que no podía entender. —También te crees un sabelotodo y todo lo que sabes es desarmar encendedores. Lo único que hay que hacer con esas malditas ratas es acabar con ellas a sangre y fuego.

Una melodía burlona respondió a sus palabras. En el desván, Gabriela daba un concierto para un nutrido grupo de ratones que brincaban de contento en torno suyo.

Sin embargo al percibir los pasos del hombre subiendo la escalera, los espectadores desaparecieron como por encanto. Cuando el señor González penetró en el desván, al recorrer con ojos escrutadores la habitación lo único que pudo ver fue a su hija, muy seria, tocando la flauta en su posición habitual.

* * *

A la mañana siguiente, el ruido del teléfono interrumpió muy temprano el sueño de la pareja. Como un topo, el hombre descolgó el auricular torpemente. Alguien preguntaba si esa era la casa de la familia González, a lo que este respondió mascullando que inclusive a las cinco de la mañana esa sí era la casa de los González.

—Habla Ronaldo González. ¿Quién habla?

—Un amigo del Ratón Miguelito, mister González— dijo la apagada voz.

—Maldita sea— Y el hombre agregó con furia incontenible: —Estas no son horas para hacer bromas, cretino.

—No son bromas, mister González — dijo calladamente su interlocutor con un marcado acento extranjero. Se trata de un asunto muy serio. Lo estoy llamando de parte de mi patrón para pedirle la mano de su hija.

Sin pensarlo dos veces, Ronaldo González colgó el teléfono estrepitosamente, sólo para que su mujer lo asediara a preguntas que no pudo responder porque el teléfono repicó nuevamente. Esta vez Priscila se le adelantó:

—Aló. Aquí Priscila Gonzáles. ¿Con quien hablo?

—Tanto gusto mistres González. Habla con el secretario del pretendiente de su hija— la voz tenía un vago acento anglosajón.

—Mi hija es demasiado joven para novios. Usted miente, señor....secretario.

—Ninguna mujer es demasiado joven en plena pubertad, doña Priscila.

—No me diga que...

—Yes, mistres González. Hace apenas unos meses. Mi patrón lo podrá atestiguar. A veces, señora, los padres son los últimos en enterarse...

—¿Y por qué diantres su patrón no habla personalmente un asunto tan...privado ¿Quién demonios es su jefe?

—En primer término, porque el Señor es extranjero y no domina bien el idioma local. En segundo lugar porque todo, o casi todo lo delega en mí. Soy su hombre de confianza....el señor es un individuo muy rico y poderoso, señora González. Y está muy enamorado de su hija.

Era posible, por supuesto. A cada rato veía cosas así en la televisión, desconocidos en el anonimato que manejaban fortunas millonarias, y que empleaban testaferros para todo. El caso de Hughes, por ejemplo, el multimillonario tímido y excéntrico que enviaba a sus guardaespaldas a conseguirle mujeres. Por espacio de un segundo, Priscila González analizó cuán alejada había estado de su hija durante los últimos tiempos. Pero un pensamiento acuciante la llevó a otros términos: Gabriela podría estar embarazada. Por supuesto que su hija era muy joven, pero por los tiempos que corren, todo es posible en este mundo. De repente, la astuta mujer vislumbró algo bueno en su futuro y reaccionó en consecuencia:

—¿Y cuáles son las intenciones de su....patrón respecto a mi hija?

—Casarse con ella, por supuesto. Estoy pidiendo en su nombre el consentimiento suyo, como en los viejos tiempos. Don Miguel es todo un caballero.

—Nuestra hija es un tesoro difícil de evaluar, estimado señor. Es una verdadera joya. ¿La ha oído acaso su patrón tocar la flauta? Es una gran artista. Será muy rica y famosa dentro de poco tiempo...

—Tiene usted razón. El jefe opina que su hija hace maravillas con la flauta. Fue su talento musical lo que hizo que se enamorara de ella.

—Gabriela tiene un gran futuro... a propósito: ¿Es don Miguel un hombre de bien? Quiero decir, tiene intenciones de mantener un hogar estable, el deseo de proteger a su mujer y ayudar a unos suegros desvalidos? Tal vez no sepa que de resultas de un desgraciado accidente soy una inválida y que mi marido es un inútil... nuestra situación económica es verdaderamente lamentable.

—Despreocúpese. Le repito que el Patrón es un individuo poderoso y respetado estimada señora.

¿Cómo y cuando su desmañada hija había trabado relaciones con semejante hombre? Los pensamientos se entrecruzaron como ráfagas en la astuta mente de la señora González. ¿Sería este el golpe de suerte que había estado esperando durante años?, se preguntó. Y decidió que el destino le brindaba una doble oportunidad que no podía pasar por alto: deshacerse de su molesta hija y al mismo tiempo convertirse en millonaria. Esta reflexión la hizo tomar una rápida decisión. Así que suavizando el tono de su voz, preguntó al desconocido:

—¿Cuándo piensa su patrón venir a visitarnos... oficialmente? De todas formas esperamos conocerlo personalmente.

—Irá esta misma noche, si usted no tiene inconveniente.

—El señor González y yo estaremos esperando a Don Miguel....¿Miguel qué?— inquirió tardíamente la mujer porque su interlocutor ya había colgado. Estaba tan excitada que no quiso escuchar nada de lo que su marido intentó decirle respecto a la primera conversación que sostuvo con el desconocido. Lo interrumpió abruptamente echándole en cara su falta de ambición:

—Eres un tonto, Ronaldo. No sabes distinguir el número premiado de la lotería cuando lo tienes frente a tus propias narices.

El señor González encendió la televisión para ahogar las palabras de su mujer. Las noticias de la mañana hablaban todo el tiempo de la invasión de las ratas. Todo un pueblo había sido evacuado y en las ciudades un éxodo masivo de los suburbios hacia el centro hacía imposible el tránsito de vehículos y ocasionaba múltiples problemas. La Cruz Roja hacía lo imposible por alojar y alimentar a los refugiados. El ejército se aprestaba a incendiar la periferia urbana con el fin de combatir la plaga, sin embargo los servicios de inteligencia habían descubierto que los roedores poseían gigantescas guaridas subterráneas, conectadas entre sí por túneles que abarcaban todo el país, un verdadero mundo *underground*, el país subterráneo de las ratas, que parecía haberse originado años atrás, clandestinamente, en las alcantarillas de la ciudad de Nueva York. El hombre estuvo a punto de decir algo, pero se contuvo. En lugar de ello alzó los hombros en un gesto de impotencia.

* * *

Durante toda la mañana Priscila sometió a su hija a un interrogatorio prolongado. Inútilmente. Gabriela evadía las respuestas burlonamente o se empotraba en un mutismo absoluto. Reprimiendo su furia, la mujer se abstuvo de golpearla con el fin de no estropear la mercancía para la entrevista de esa noche.

—No sé quién sea ni de dónde has sacado a tu dichoso pretendiente. Pero creo que sin pensarlo has dado una solución a nuestros problemas. Por fin habrá alguien que se encargue de ti. Pero todas las cosas tienen un precio en este mundo, hasta tú misma, Gabriela, por increíble que parezca. Así que ponte lo mejor que tengas, arréglate lo mejor que puedas —ya que bonita no serás jamás— y no se te olvide traer tu endemoniada flauta. El tipo ese parece estar loco por tu absurda música.

Dicho lo cual Priscila imprimió un viraje a su silla de ruedas en dirección a la cocina.

* * *

Esa noche los González se pusieron sus mejores galas para recibir al pretendiente de su hija. Priscila había decidido prescindir de una cena formal y obsequiar a su invitado con un entremés de *paté de foi* y quesos franceses acompañados de una botella de *Chateau-neuf dû Pape*, advirtiendo a su marido que no bebiera más de medio vaso de vino y que mantuviera la boca cerrada.

A las nueve, una impresionante limosina negra se detuvo frente a la casa. Priscila, que espiaba tras una persiana, se estremeció de contento. Del asiento delantero emergió un chofer uniformado que procedió a abrir la puerta trasera del vehículo y tendió la mano obsequiosamente para ayudar a salir a un hombrecillo que parecía tener la frágil apariencia de un adolescente. La mujer alcanzó a observar que el invitado vestía un severo traje gris, se apoyaba en un bastón y lucía unos lentes oscuros que ocultaban parcialmente las facciones de su rostro. Sus cabellos grises resplandecieron fugazmente bajo la luz de un farol callejero cuando se dirigió, cojeando levemente, hacia la puerta. Lo escoltaban dos hombres mucho más altos que él, quienes también portaban gafas negras. Cuando sonó el timbre de la puerta, la mujer dirigió su silla de ruedas hasta una posición estratégica en relación a la entrada, mientras ordenaba a su marido que abriera. El hombrecillo atravesó el umbral acompañado de uno de sus guardaespaldas, mientras el otro quedó de guardia cerrando la entrada de la casa.

Ronaldo González se sentía agotado. Después de la llamada telefónica se había quedado en el lecho un rato más, tratando de dormir pero había soñado una macabra pesadilla en la que se veía a sí mismo dando vueltas y más vueltas encerrado en una rodachina metálica a la cual sus pies imprimían un movimiento constante. Era un verdadero suplicio chino: si paraba de correr, la rueda lo dejaría caer en un horrendo abismo, así que apenas dormía fracciones de segundo y volvía a despertarse para imprimir movimiento rotativo con sus pies al aparato. Lo peor del asunto era que en torno a la jaula giratoria unos ratones vestidos de blusas blancas, hacían bromas a costa suya.

A pesar del dolor de espalda ocasionado por la maña noche, Ronaldo tuvo que inclinarse un poco para saludar a su futuro yerno. El efusivo apretón de manos se vio mal correspondido por una mano fofa y aterciopelada: el visitante calzaba guantes blancos, que no se molestó en retirar.

Rengueando, el hombrecillo se dirigió al interior y no tuvo en cambio que inclinarse para besar la mano que le extendió Priscila desde su silla de ruedas. Bajo las gafas oscuras contrastaba su tez pálida y lisa, lo que sumado a su corta estatura le daba un aspecto oriental. Bajo la delicada nariz un escaso bigote acentuaba su apariencia adolescente. Su deformidad le proporcionaba una extraña belleza, que si hubiera sido culta, o apenas leída, Priscila González hubiera asimilado al siniestro atractivo del Duque de Orsini, señor de Bomarzo y personaje de la inolvidable novela de Mujica Laínez.

El hombre miró significativamente a su acompañante. Este aclaró su garganta carraspeando y expresó:

—El señor le presenta sus respetos, señora. Y a usted también, señor González. Les ruega que lo excusen pero además de que no habla nuestro idioma, su garganta está en malas condiciones. Se encuentra totalmente afónico, así que me ha pedido que hable en su lugar!.

La mujer reprimió un gesto de disgusto y asintió.

—Les ruego que se sienten, caballeros. ¿O tal vez usted prefiere permanecer de pie?— agregó dirigiéndose al que había hablado, a todas luces el mismo secretario que había hablado por teléfono. Éste asintió con un gesto y permaneció tras la silla que había ocupado su patrón. Los dueños de casa se sentaron también, todos en torno a la mesa en donde los manjares y el vino esperaban. Ronaldo hizo los honores y escanció el vino en las copas. El visitante levantó la suya ceremoniosamente en un largo brindis sin palabras. El guardaspaldas, concentrándose en los pensamientos de su amo, se abstuvo de beber, pero con su peculiar acento importado tradujo luego en palabras su silencio:

—Don Miguel propone un brindis por la mujer que ama, Gabriela González, su querida hija. Añade además que el amor es algo que rebasa las fronteras de las especies, los idiomas y las razas. Rechaza por lo tanto cualquier

164

discriminación de la que pueda ser objeto dada su calidad de extranjero y se declara dueño de una generosidad sin límite, que pondrá al servicio de los esposos González a condición de que no obstaculicen su unión con Gabriela y obedezcan sus órdenes ciegamente de ahora en adelante.

El inaudito discurso dejó sin habla a la pareja y mientras Priscila, indignada, intentaba una imposible evaluación de la situación, Ronaldo, tratando de ganar tiempo, inició balbuceando una conversación con apreciaciones banales sobre el estado del tiempo. Las prematuras miradas que el visitante dirigía hacia la fuente de quesos no pasaron inadvertida para la mujer quien hizo una seña a su marido para que le sirviera, acción que estaba cumpliendo éste, cuando un maullido que más parecía el ulular de una sirena hizo que los circunstantes vertieran sobre el mantel parte del contenido de sus copas. Un enorme gato había hecho su aparición en el dintel de la ventana. El lomo arqueado y los pelos erizados, el atigrado felino que exhibía garras y colmillos amenazadores, parecía la imagen misma del demonio. Inútilmente arañaba el cristal de la ventana pugnando por entrar.

Como obedeciendo a un conjuro, otros gatos aparecieron tras los ventanales. Gatos de todas las pintas y pelajes, que bien pronto formaron un coro aterrador con sus maullidos. Gatos bien cuidados, que debían haber escapado de lujosas mansiones, Siameses y Angoras, algunos blancos luciendo cintas rojas en sus cuellos, otros negros charolados, gatos de clase media también y un sinnúmero de gatos vagabundos y astrosos, todos extremadamente furiosos, sus ojos lanzando destellos de ácido sulfúrico, las afiladas garras resbalando en los cristales, arañando las puertas y ventanas.

El rostro del visitante se puso lívido como la cera y su ralo bigote tembló nerviosamente mientras que las aletas de su delgada nariz jadeaban compulsivamente de terror. El secretario reaccionó inmediatamente. Con la velocidad del rayo sacó un arma automática del interior de su chaqueta y disparó repetidamente, haciendo añicos los cristales. La sangre salpicó el mantel mientras que los cuerpos exánimes de los felinos caían como muñecos inertes.

No más gatos ni aullidos. Sobrevino un ominoso silencio, que fue roto una vez más por el sonido de la flauta. Gabriela, luciendo un traje negro de noche y blancas guirnaldas en el rubio cabello, bajaba la escalera descalza, precediendo un cortejo singular. Tocaba una antigua Pavana y la seguían centenares de ratas y ratones, todos ataviados de gala, vistiendo camisas con gorgueras, anchas levitas y casacas adornadas de flores y escarapelas de papel, llevando muy erguidas las ya fueran lisas o peludas colas. Algunos llevaban grotescos gorros cónicos, tocaban timbales, agitaban panderetas, batían matracas y lucían diminutos antifaces rojos. Aquello parecía un cortejo medieval, una carnestolenda salida de alguna de esas insólitas pinturas de Ieronimus Bosch que no dejan de fascinarnos a través de los siglos.

Mudos de asombro, por primera vez en muchos años los esposos González se tomaron de la mano. Gabriela era la imagen revertida del flautista de Hamelin: en lugar de llevar los roedores a la perdición los conducía a su apoteosis. Ratas y ratones marchaban ceremoniosamente al ritmo acompasado de la música. El visitante no sólo había recuperado la compostura sino que la había vuelto a perder: sin el menor comedimiento y con intensa fruición devoraba los ricos quesos que Priscila había comprado para la ocasión.

Despojados de las gafas, los ojillos brillantes de su huésped despertaron en Ronaldo recuerdos confusos.

Y cuando el hombrecillo levantó el rostro sonriente para besar a su prometida, los esposos González pudieron observar con terror como las facciones del visitante mutaban, en una lenta disolvencia, hasta conformar los inconfundibles rasgos del Señor de las Ratas.

La naene
(El mito de la tortuga)

A Francisco Toledo

La noche ha caído abruptamente, interrumpiendo el camino. Las luces del poblado se encienden desperdigadas, titilando al paso de sombras fugaces: para los niños, el día no quiere terminar y siguen correteando como pequeñas sombras descalzas.

Vamos en busca de la Naene, el amigo istmeño y yo a través de las veredas de un lugar cuyo nombre es mejor no mencionar para que ella no se vea asediada como antaño por una corte indeseable. Por eso bajó del monte, la Naene, por eso bajó de la alta sierra al valle. Para no verse acosada por esos peregrinos lánguidos y rubios que veían en ella a la sacerdotisa de una nueva eucaristía, tal vez más antigua que cualquier otro sacramento. Como moscardones que incrementaban el zumbido de su eterna jaqueca, llegaron primero cargados de extraños bultos electrónicos, máquinas para robar la voz y las imágenes, para violar los gestos y la intimidad. Después llegaron lo más jóvenes, *jipis*, les decían, buscando un futuro de dioses enajenados y visiones utópicas.

Llegaron coronados de flores los cabellos de miel, vistiendo estrechos y agujereados *jeans* y los pies enfundados en guaraches o botas de montar. Ingirieron los hongos y bailaron en torno suyo al compás de la música de las cajas de transistores. No hablaron con ninguno de los de arriba, no entraron en contacto con los Señores Celestiales. Repitieron como osos amaestrados las frases del ritual y las tradujeron como pudieron a su inglés desabrido, que ha reemplazado los sonidos sagrados por la onomatopeya de los *cómics*. Y al día siguiente quisieron más alimento sagrado.

No entendieron que *Teonanácatl*, la carne de los dioses, sólo debe ingerirse cuando Ellos lo permiten.[1] Exploraron el monte y los matorrales sombríos y aprendieron a reconocer los hongos que alucinan después de haberse intoxicado con aquellos que se les parecen. No sabían ni siquiera diferenciar los *derrumbes* de los *pajaritos*. Pero hicieron con ellos ensaladas profanas y volvieron a bailar y las jovencitas huesudas repitieron como monas lo que ella había hecho desde siempre —porque era la Encargada— sin saber lo que hacían ni lo que repetían. Como esbeltos simios rubios. Como bárbaros neo-bárbaros en un éxodo hacia el pasado, tratando de encontrar algo natural que su mundo tecnológico había perdido para siempre.

Sólo ella puede aseverar en determinados momentos que es *una mujer muñeca, una mujer san pedro, una mujer reloj*. Se convierte en *la estrella matutina* o en *la luna mujer* cuando le place. Puede curar y encontrar cosas perdidas. Localiza al venado y al armadillo a tiempo para los cazadores. No

---

1. Teonanácatl, carne de los dioses. Así se llaman los hongos alucinógenos en náhuatl.

sabe lo que es psilocibina, pero sabe de lo que se trata, de para qué está ahí, entre las cosas naturales. Ella y muy pocas más como Maria Sabina, la legendaria zapoteca. La Naene aprendió con ella las palabras y los rezos y para subir al Tlalocan o descender a Mictlán le ayuda su dolor de cabeza, su parietal hundido, ese mal que es un regalo de los dioses. Ahora, cuando María se ha retirado de la tierra, sólo existe *una mujer muñeca, una mujer doctor*. Solamente ella puede llegar a ese lugar intemporal que *es como el día y como la noche, jo nca nicjin-ni tsó* y arrullar a los convivios en su viaje, murmurando rítmicamente:

Chjon nca tisje-nia tsó
Chjon nca tintsa-nia tsó
Chjon nca koya-nia tsó

Soy una mujer limpia
Soy una mujer lista
Soy una mujer que espera[2]

* * *

Tierra de brujas Aquí, en el istmo de Tehuantepec, todos están en el secreto y nadie lo traiciona. A estas horas, cuando la noche comienza, todo el pueblo cae en poder de los *nahuales*.[3] Aquí los hombres y las bestias están ligados

---

2. Textos originales en Zapoteco, lengua indígena del centro de México, fonética de Watson.

3. Nahuales, duendes. También Nahual se dice del animal totémico de cada cual.

por vínculos insospechados. Las deidades totémicas siguen existiendo y el hombre que obtiene a su mujer con pasión desacostumbrada obedece al coyote en celo que incuba en la espesura de los matorrales, o que adquiere la misma bravura del jaguar, el cántico del *zenzontle*, vuela como un *papalote* y bebe a la orilla del arroyo con el venado. También el que se enferma súbitamente y delira en la hamaca tórrida de la calentura. Y aquel que sueña y al despertar recuerda cosas que no han sucedido todavía.[4]

Hay una luna grande que recorta las siluetas de los árboles, calor y una vereda que parece iluminada con luz propia. El amigo que sabe y yo vamos a entrevistar a la Naene. El va en busca de algo en que cree a pesar que su razón lo niegue y cada paso que da trenza un poco más sus nervios. Yo voy porque quiero convertir en certeza una inquietud que me consume desde hace mucho tiempo.

Salido de no sé donde un muchacho nos conduce hasta ella. La Naene nos recibe desde su trono rústico en el interior del jacal alumbrado por un quinqué cuya luz hace contrastes en su rostro surcado de arrugas. Afuera se extingue el ladrido de los perros. La Naene tiene los ojos clavados en algo que los demás no pueden ver, que rebasa las paredes de bareque del jacal y se interna en el pasado. El muchacho desaparece y esperamos a que ella diga lo que debemos hacer. Entretanto observo su famoso *paliacate* multicolor, ceñido estrechamente a las sienes, anudado en

---

4. Del náhuatl zenzontle, Ruiseñor y pápalotl, mariposa. Papalote es la cometa y Papaloapan el río de las mariposas.

la nuca como una explosión de flores.[5] Ese pañuelo que alivia temporalmente su eterna jaqueca también oculta una profunda hendidura en su parietal izquierdo. A esa brecha debe tal vez su facilidad para *pasar al otro lado*, es una grieta que separa al mundo de la lógica del mundo de los sueños.

Actriz consumada o gente de otro mundo, la mujer tarda en percatarse de nuestra presencia. Cuando lo hace es como si volviera de un sueño del que por alguna razón formamos parte: extiende los brazos en señal de bienvenida, sin mirarnos siquiera; y siguiendo su gesto, nos sentamos yo en una silla y Francisco medio recostado en una hamaca. Pasea una mirada quieta sobre los dos y se detiene en mi amigo. Surge un diálogo en zapoteco que culmina con mi presentación, en *castilla*: «Ésta es el hombre de quien te hablé. Quiere saber como trabajas». La sonrisa no cambia la expresión profunda de sus ojos. Después un gesto, indicando a Francisco que se quite la camisa.

Ahí estamos, Francisco con el torso desnudo y sudoroso por el calor de la noche, y yo en espera de algo, sin saber muy bien de qué. Francisco me ha dicho: «Bruja, en zapoteco, quiere decir curadora de sustos, curadora de la melancolía». El cree en ello y ahora pienso que Francisco vive, como todo mestizo entre melancólico y asustado, con los nervios siempre a flor de piel y con un exterior impasible que no traiciona nunca su tormenta interior. Es delgado y bigotón como Emiliano Zapata y sus ojos oscuros son

---

5. Paliacate, pañuelo vistoso que se anuda a la cabeza o en torno al cuello. Pañuelo «raboegallo» en otras partes.

los mismos del revolucionario. Ahora, frente a la fábula encarnada, puedo ver la tensión a punto de estallar en sus mandíbulas apretadas y su ceño fruncido. Tiene miedo. Y respeto. Y aprensión.

Ella ha vuelto a mirar al más allá. Nos ve pero en realidad está mirando otra cosa, ese horizonte que se encuentra más allá de nuestra nuca que su mirada perfora sin cambiar de expresión. Después de un momento sus labios se entreabren murmurando una plegaria en zapoteco, salpicada de voces castellanas entre las que abundan nombres de santos. ¿Pero qué significa un santo para esta sacerdotisa pagana, pura mitología viviente? Sólo una forma de invocar antiguos dioses, ocultos ahora bajo el santoral del conquistador, con el fin de evadir la inquisición de ayer de hoy y de mañana y de siempre. Quetzalcóatl y el Santo Niño de Atocha van de la mano en el sincretismo mexicano, como San Isidro y Tláloc son la misma gente y Tezcatlipoca el diablo.

La Naene cumple la doble función de embrujar y embrujarse. Mientras observo, mi amigo se enreda y va cayendo en la trampa tejida con vocablos rítmicos. Pero ella también cae. Sabe que no hay ritual posible sin participación de parte y parte. Así va sumiéndose también en la profundidad del inconsciente, se desliza en la negrura a través de la grieta de su parietal hasta el mundo donde las formas son apenas sombras. Aunque no lo quiera, estoy fuera del juego. O sólo estoy a medias. El pacto requiere lugares comunes, códigos, referencias recíprocas y el idioma se yergue una vez más como una barrera intangible.

Observo el gran manojo de hierbas de olor que reposan en una gran tinaja, los frascos con ungüentos sagrados como la belladona y ungüentos profanos como el Vick Vaporub, los recipientes rebosando chochos y

174

semillas y flores deshojadas de Toloache.[6] Y atrás en el fondo penumbroso del jacal, el gran altar que preside la Virgen de Guadalupe, la imagen cristiana de Tonantzin, la «madrecita» prehispánica.

Las palabras van formando un rosario, una red. A veces la Naene parece cantar, a veces ora, pero siempre hay un ritmo que encadena las palabras las unas a las otras, hasta las que no tienen sentido, pero poseen el poder de la adormidera. La clave es dormirse para una realidad y despertar a otra.

Sé que la mujer muñeca (muñeca, marioneta, objeto movido por hilos desconocidos) intenta rebasar las dualidades, llegar a esa dimensión de donde emana toda creación, toda realidad y toda magia. En realidad la Naene ya no es mujer. Ya es una mujer santo, *santo-na tsó*, una mujer santa, *santa-na tsó*, una mujer atmósfera, *ukase-na tsó* que se prepara a un nuevo nacimiento, *tifi kenia tsó*, en un *mundo bueno*.

Este es un ritual alucinante sin alucinógenos, sin hongos ni peyote, ni daturas. La mujer no ha comido ni bebido nada ni ha dado a tomar ni a comer nada. Puede abrir las puertas sin necesidad de agentes externos y ha llevado allá a Francisco.

Mi amigo, que se ha extendido en la hamaca, suda más de lo que el calor explica. Tiene los ojos desmesuradamente abiertos, tanto que la Naene hace girar los suyos en torno a su pupila como una verdadera *mujer payaso, mujer reloj, mujer libro*. Sus ojos giran cada vez más despacio hasta

---

6.   Toloache, árbol de flores blancas conocido como Borrachero o Quereme en otras partes. Agente de la escopolamina.

quedarse quietos. Han escondido la pupila y su córnea luce blanca como la clara de un huevo cocido. Recuerdo vagamente algo acerca de una remota función del nervio óptico y otras formas muy raras del mirar. La Naene permanece así, con lo ojos en blanco y ahora ha enmudecido: esos ojos están abiertos hacia adentro, sumidos en lo mas profundo de su programación genética, una memoria sin tiempo.

Francisco se balancea en la hamaca rítmicamente, como un péndulo. Por su frente corren riachuelos de sudor. Ahora las manos de la mujer suben lentamente por su antebrazo siguiendo el contorno de la hidrografía linfática. Se detienen por momentos y cuando esto sucede, murmura cosas en voz baja.

Lo está llevando atrás en el tiempo, lo está haciendo recordar. Poco a poco se remonta hacia el pasado como quien sigue al contrario la corriente de un río hasta encontrar sus fuentes. El murmullo crece en intensidad. Lo que recuerda a Francisco, cada vez con mayor fuerza, es algo que el mismo Francisco ya sabe de antemano. Pero una cosa es recordar con la cabeza y otra con el corazón. Maestra del alma, busca la manera de revivir una crisis extraviada en las entretelas de la psiquis de mi amigo.

Nuevamente las palabras fluyen en dialecto zapoteco de sus labios rígidos y sus ojos sellados ven visiones de ayer. Es un torrente que se remonta a las feroces luchas sostenidas contra los *teúles* que aparecieron de repente en sus lares como dioses equívocos. Francisco es un *mecehual* que huye de pueblo en pueblo perseguido por las huestes españolas. Muere ahorcado, muere torturado, muere muchas veces. Aún no ha perdonado. Su visión interior revive los incendios, la sevicia y las matanzas y como un cometa encendido pasa por su mente el pelirrojo Pedro de

Alvarado, cercenando cabezas de indios a diestra y siniestra desde su brioso corcel. Muere otra vez de angustia y resucita para volver a morir. Ve a su patria pisoteada por los cascos, las ciudades destruidas y observa como sobre el Templo Mayor de la gran Tenochtitlán y en Xochicalco y Teotihuacan se erigen palacios de gobiernos y exóticas catedrales. Los *teules* violan y saquean, quieren oro más oro y más plumas de Quetzal. Tienen un dios cruel que predica el amor. No sacrifican a los dioses, matan por matar. La odiada Malinche, a quien le dicen Marina de nombre *castillano*, pasea oronda del brazo de Hernán Cortés por las calles de Cuauhnáuac, ese Nido de Águilas que la ignorancia del conquistador convirtió en Cuernavaca. Francisco se siente traicionado y humillado. Los *teules* no saben nada, no entienden nada. Le duele su raza y por su mente desfila toda la desgarradora visión de los vencidos.

Francisco jadea y un temblor espasmódico lo agita como a una hoja de otoño. Gime como si estuviera atado a un potro de tormento y balbucea palabras incoherentes en idiomas lejanos. Mientras la experta mano de la Naene avanza por su antebrazo, Francisco se encorva, primero imperceptiblemente y luego cada vez más sobre sí mismo hasta volver a la posición fetal. El sudor hace las veces de líquido amniótico, ese lecho acuoso en donde yacen las placentas.

El ritual toma ahora un sesgo dramático: cada palabra de la Naene restalla en el aire como un látigo y el cuerpo de Francisco sufre una convulsión cada vez, como si las palabras fueran una oleada que lo arroja y lo vuelve a traer, zarandeándolo. Ella quiere que la visión sea absoluta, que la vivencia sea tan completa que Francisco sufra la ordalía de la primera vez para quedar luego limpio de culpa.

Ante mi asombro, la mujer toma una de las ramas que sobresalen de la tinaja y esgrimiéndola sin abrir los ojos recrimina a mi amigo imperativamente:

—*¡Francisco, cobarde! ¡Francisco, cobarde! ¡Francisco, cobarde!*

Cada vez que habla la mujer azota con todas sus fuerzas las espaldas encorvadas. Una, muchas veces. La rama restalla y el cuerpo moreno se convulsiona como si cada golpe fuera una descarga eléctrica. «¡Francisco, cobarde!» Y la vara desciende una vez más. La flagelación perdura hasta que el cuerpo sudoroso se abandona a sí mismo como un bulto sin vida. Hay un intervalo en el que la hechicera parece regresar. Sus ojos retornan al mundo de los vivos con su antigua expresión apacible.

Con inmensa ternura, la Naene frota el cuerpo de mi amigo con hierbas de olor. Cuando las toma, *les pide permiso* en una breve oración. Ahora canta algo que recuerda una canción de cuna. Diríase una madre que limpia cuidadosamente el cuerpo de su recién nacido.

Francisco dormirá hasta bien entrado el día. Santo remedio. Mañana lo veré como nunca lo había visto antes, tranquilo, sonriente, en sus ojos brillando una luz nueva. Ese rostro radiante será para preguntarse: ¿Cuál es, en última instancia, el verdadero vencedor: el conquistador o el conquistado?.

En cuanto a mí, ella me tomó de las manos —igual que lo hiciera con Francisco— e inició sus letanías, interrumpiéndolas abruptamente para decirme:

—*A ti no puedo limpiarte.*

—*¿Por qué?*

—*Porque soy curadora de sustos y melancolías, pero tú estás enfermo de coraje.*[7]

———————
7.　Coraje, mexicanismo para ira, rabia, furor.

Desde la alta sierra, entre la meseta central y el Istmo de Tehuantepec, se divisa la imponente silueta de las ruinas de Montealbán, el grandioso escenario del encuentro de las culturas maya y olmeca con los zapotecos. En su patio central los famosos danzantes olmecas dibujan sobre la piedra su coreografía milenaria. David López, nacido y muerto en Oaxaca, se llamaba el viejo guardián que me encontré en Montealbán, una tarde sin turistas, mirando extasiado la danza pétrea. Como yo hacía lo mismo cada vez que visitaba las ruinas, terminamos por ser amigos, gracias a la común afición. Confieso que en un principio medió algún interés de parte y parte, porque en aquel entonces yo coleccionaba vestigios arqueológicos y el me los procuraba: cabecitas de barro, cuentas de jadeíta, malacates y toda clase de *tepalcates*, que es como le dicen a los trozos de cerámica que lo ponen a uno a pensar como sería la pieza cuando estaba intacta. Pero es bien cierto que a la postre hicimos buena amistad y que el hombre gustaba de contarme y yo de oírlo.

Fue así como escuché por primera vez el mito de la tortuga, que luego refrendaría en libros mas documentados pero menos inspirados que la viva voz del oaxaqueño:

Hace muchísimo tiempo, cuando el hombre aún no existía, había un animal tan antiguo como la misma Tierra y se llamaba Tortuga. Volaba tan alto que podía visitar todos los mundos que giran en torno al Sol. Su poder era tan vasto que la embriagaba. Cada vez volaba más alto, más y más lejos por el espacio sideral y le fascinaba ver la Tierra desde allá arriba, como una verde esmeralda engastada en el firmamento.

Un mal día la Tortuga se propasó y quiso volar mucho más alto que el Sol. Así que tomó vuelo y se encumbró por los aires más que nunca, contrariando al señor Tonatiú, que así le decían al Sol los pueblos de antes.

En castigo por su vanidad, el Sol la abandonó. Al retirarle su apoyo la tortuga cayó pesadamente a la Tierra y todavía no se repone del susto. Desde entonces no puede volar y su caparazón se rompió en mil pedazos. Ella los pegó como pudo y por eso el carapacho de las tortugas siempre parece un fragmentado vitral. Lo que tenía de ave, lo atestigua su encorvado pico, que emergiendo del caparazón hace lucir a la tortuga como un loro prisionero en una jaula.

Pero lo más triste del cuento es que la tortuga llora y llora siempre porque recuerda cuando volaba tan alto y era tan feliz. Ahora echa de menos al Sol y sólo puede reptar lentamente por la superficie de la Tierra, buscando todo el día un rayo de ese Sol que la caliente. Pero el Sol, indiferente y esquivo desaparece cada noche llenándola de melancolía.

La melancolía, dicen los zapotecos, es la enfermedad de la Tortuga. Así que cuando el hombre llegó a la Tierra, conoció a la Tortuga y se contagió de su mal. La melancolía es la madre de todas enfermedades. *Por eso las brujas del Istmo de Tehuantepec se llaman a sí mismas curadoras del susto y de la melancolía.*

El gato egipcio

En el vasto salón de la Escuela de Bellas artes, los estudiantes se hallan absortos bocetando el esbelto cuerpo de la modelo. Uno de ellos se ha detenido en su rostro y el curioso que se asome por encima de su hombro podrá contemplar los singulares rasgos del rostro de Mercedes Abreu. A diferencia de otros, este pastel tiene un carácter especial, no es simplemente un boceto; se ve bien que el pintor ha puesto en su diseño un interés particular que pormenoriza los detalles del rostro de la mujer a quien todos conocen cariñosamente por el remoquete de el Gato Egipcio.

El mote había sido inspirado por los ojos verdes y rasgados que resaltan sobre el cutis moreno de la mujer como un par de esmeraldas encendidas y por los pómulos salientes y el rostro anguloso que daban a la Abreu un atractivo muy especial. En el dibujo de marras ese magnetismo animal está tan bien captado, que sin ser para nada caricaturesco, resalta el encanto, algo oriental, de la modelo.

Pero había algo más en el trabajo del artista, una calidad inexpresable que confería vida a esa imagen de papel que sólo una inspiración auténtica puede lograr. Si alguien entrara subrepticiamente al estudio del pintor, encontraría no una sino cientos de hojas repitiendo el mismo rostro, como si el Gato Egipcio fuese el único tema suscepible de pintarse en este mundo.

El joven pintor vivía obsesionado por Mercedes Abreu y su amor enfermizo, que recordaba las épocas románticas de los impresionistas, era una versión nueva del amor loco que profesaran los surrealistas a las mujeres de su tiempo. Ricardo Lamartine había invertido todos sus ahorros en sesiones privadas con la modelo, no sólo con el objeto de capturar su imagen sino con el natural deseo de hacer suyo el original, propósito que una y otra vez fracasaba, en parte debido a la torpeza y falta de astucia del enamorado y en gran medida por la forma de ser de la modelo. Porque la Mercedes Abreu de aquel entonces era de esa clase de mujeres que no se entregan fácilmente a quien las ama y en cambio son fácil presa de quienes las toman como a objetos desechables.

Así que muerto de los celos, compañeros inseparables de esta clase de amor desde remotos tiempos, el pintor veía a la dama de sus sueños repartir sus favores entre otros hombres, profesores o estudiantes de las artes que eran de su predilección. Era así como un grupo más o menos nutrido de estos catadores del amor, se preciaba de tener en su lista donjuanesca al Gato Egipcio como un trofeo más de su colección.

Imposibilitado económicamente para continuar las sesiones privadas con Mercedes Abreu, Ricardo concurría a las clases en que ella modelaba, sesiones que a decir verdad fascinaban a la casquivana damisela que gozaba infinito siendo admirada y además copiada por un grupo tan nutrido de artistas y rígida en la pose que el maestro le indicaba, puesta la mirada en la lejanía con esa fingida indiferencia que es propia de su profesión, con el rabillo del ojo obervaba a los estudiantes y estudiaba las reacciones que sufrían a la vista de su preciada anatomía.

Hay que decir que Cecilia Abreu, además de gustar de los artistas, gustaba también del arte. Y con el transcurso del tiempo y al codearse de seguido con los del oficio, había aprendido algo y diferenciaba bastante bien lo abstracto de lo figurativo. Una intuición nata, sin embargo, virgen de lecturas y conferencias, le hacía responder muy emotivamente ante una obra realizada con talento.

Fue así como esa vez, terminada la sesión de modelaje, Cecilia Abreu, después de ir al vestidor, salió del recinto y por pura casualidad, echó un vistazo al dibujo que Ricardo había hecho ese día. El muchacho se había quedado plantado en su lugar y fingía dar toques de acabado, con el único fin de ver a la prenda de sus ojos así fuera durante fugaces segundos, sabiendo de antemano que no iba a ser merecedor de una mirada.

Pero aquella vez fue diferente. Irremisiblemente atraída por su propia imagen, que resaltaba en el atril como una visión, Mercedes se detuvo y la contempló largamente. Nunca su rostro tantas veces repetido por tantos había logrado tal expresividad. Sucedía que la mayoría de los artistas prestaba más atención a su cuerpo que a su rostro y aunque esto la halagaba, sintió como un regalo excepcional a su naturaleza, esta maravillosa copia de sí misma. Poco a poco una sonrisa complacida iluminó su rostro, borrando la máscara indiferente que solía usar más en defensa propia que otra cosa. A renglón seguido, la modelo se inclinó y depositó un beso en la mejilla del pintor.

Así comenzó la relación tormentosa en que la envolvió de repente el torbellino de pasión contenida que hizo del joven tantas veces desdeñado un amante como ella no había tenido jamás. La altiva e indiferente Mercedes Abreu había caído en las garras del amor.

La crónica de aquellos días esta llena de almíbar y de acíbar, pero lo que nos interesa aquí no es precisamente ese recuento, sino las circunstancias del extraño drama que ese amor habría de generar.

Mercedes había tenido relaciones con otros pintores que por supuesto habían reproducido su imagen, pero ninguno lo había logrado con la fuerza y la intensidad de Ricardo. Porque al contrario de lo que habría que esperar, su obsesión por repetir los rasgos de su amada en lugar de menguar se acrecentó con la entrega. Mercedes no modelaba para nadie más, a pesar del llamado insistente de los artistas que habían sido sus amigos, pero en realidad no tenía forma de hacerlo ya que modelar para Ricardo le robaba todo su tiempo y energías.

Ya viviendo los dos bajo el mismo techo, el joven pintor no comía ni bebía por estar haciendo bocetos de Mercedes y el departamento estaba literalmente atiborrado de ellos. Las paredes estaban tapizadas con la imagen de Mercedes, los grabados, acuarelas y óleos estaban diseminados por todas partes y si se abría un cajón de la alacena, lo más seguro es que brotara de allí todo un amasijo de papeles con el rostro de Mercedes Abreu.

Presa de una ansiedad que no le impedía dibujar, trazar y embadurnar en lienzos y paredes la obsesiva imagen, Ricardo enfermó de una dolencia desconocida que lo fue minando de tal forma que murió, mientras su mano febril pergeñaba el ultimo boceto del rostro de su amada..

Mercedes Abreu se repuso con dificultad de su honda pena y con la ayuda de sus antiguos amigos volvió a modelar en Bellas Artes. Los estudiantes de aquel entonces, que ahora son en su mayoría artistas reconocidos, recuerdan con nostalgia a la legendaria modelo cuyo amante *había enfermado de pintarla, hasta morir.* El mito del Gato Egipcio nació entonces, ya no como un apodo cualquiera, sino por el misterio que rodeaba a la joven viuda. Vestida de negro, los verdes ojos reluciendo en su cobriza piel, Mercedes Abreu estaba más bella que nunca.

Llegó el día en que otro pintor se mostró particularmente embelesado con la modelo. El hombre, porque esta vez se trataba de un maduro personaje, la perseguía por todas partes con el fin de robar su imagen. Hasta que otro día desapareció misteriosamente y dejó de venir a las sesiones de bellas artes. Al cabo de una semana los periódicos informaron que su cadáver había sido encontrado en las afueras de la ciudad, recostado plácidamente contra un árbol. A su lado, un cuaderno de bocetos repetía muchas veces en sus páginas las célebres facciones de Mercedes Abreu.

El suceso causó conmoción entre los asistentes a la escuela y al cabo de poco tiempo se olvidó, pero Mercedes quedó inquieta. Un vago presentimiento hacía difícil la sonrisa en su rostro perfecto y una oleada de aprensiones y miedos indefinibles la asedió. Sus amigos la alentaron sin saber a ciencia cierta que podía estarle ocurriendo, hasta el nefasto día en que un famoso escultor le pidió que modelara para él.

El trabajo resultó ser muy agradable y redundó en una publicidad favorable a la carrera de la modelo. Pero pasado un tiempo razonable, sucedió que las sesiones se prolongaban demasiado, se repetían cada vez con más frecuencia y el artista no atinaba a dar por terminada su obra. Embelesado por la extraña belleza del Gato Egipcio, el escultor sentía que era la carne misma de Mercedes la que tomaba forma en sus manos cuando moldeaba la arcilla y no se decidía a terminar nunca su obra con el fin de no dar por terminadas las sesiones. La cosa llegó a tal punto que una vez concluído el busto de Mercedes Abreu, el artista lo destruyó con el fin de recomenzarlo nuevamente. Pero a duras penas había vuelto a comenzar su labor el famoso escultor murió víctima de un ataque al corazón, ante los aterrados ojos de Mercedes que lo vio extinguirse mientras moldeaba su rostro que emergía apenas de la húmeda arcilla.

La noticia se regó por todas partes. El Gato Egipcio tenía una maldición que hacía morir a quienes intentaban capturar su imagen. Sus amigos la abandonaron y ningún artista quiso volver a posar para ella.

La historia terminaría aquí si no fuera porque el final habrá de ser aún más trágico y extraño que lo ocurrido a Mercedes Abreu hasta el momento. Su extraño destino despertó la compasión de muchos pero el miedo a lo desconocido es mayor entre la gente del común que los sentimientos de amistad. Acorralada por los nefastos hechos y sacando fuerzas de flaqueza, la modelo emigró hacia otros lares, con el deseo de comenzar allí una nueva vida y perderse en el anonimato de una gran ciudad.

Pero la hermosa mujer no sabía hacer otra cosa que modelar. Y aunque sentía rechazo de volver a su profesión, la exótica imagen de Mercedes Abreu fue reclamada por una gran agencia de publicidad con tal insistencia, que la modelo no pudo negarse a sus demandas.

Al cabo de un corto tiempo, la modelo había participado con gran éxito en varias campañas de productos de belleza femenina pertenecientes a una firma que la requería con exclusividad. Sin embargo, la agencia pagó una gran suma de dinero para trasladar su contrato a una fábrica de ropa que tenía sede en Nueva York y sucursales en todas las grandes ciudades del mundo. Los diseñadores se peleaban por crear modelos a su medida y la silueta del antiguo Gato Egipcio recorría el mundo entero. Algunos de sus antiguos admiradores provincianos olvidaron sus temores y le escribieron cartas o vinieron a visitarla, pero nunca respondió las misivas y se negó a recibir a los visitantes. Mercedes era famosa, pero estaba sola. Se negaba a trabar relaciones íntimas con ningún hombre y se cuidaba de estar lo más lejos posibles de pintores y artistas.

La sesión fotográfica comenzó a las diez de la mañana, en los estudios de la agencia. Se iniciaba una nueva campaña y los clientes habían contrado a un fotógrafo especializado, Michel Laurent, quien había venido expresamente de París para fotografiar a la Abreu. Desde un comienzo, el francés se había mostrado subyugado por la modelo y había expresado su interés por trabajar con ella, lo que era más bien raro, porque se trataba de un individuo con fama de pedante y excéntrico. Laurent había dicho que el tipo de Mercedes era absolutamente excepcional en el medio publicitario. Por su parte, Mercedes no se dejó impresionar y tomó aquello como una expresión más de la lisonja comercial tan común en ese medio.

Pero no bien hubo comenzado la sesión todo el mundo pudo darse cuenta de que el francés estaba loco por ella. La Abreu había abierto la sesión con un vestido negro de seda que se pegaba a su cuerpo como un guante y lucía un profundo escote en la espalda que se prolongaba hasta lo que podríamos llamar el infinito. Su rostro resplandecía bajo el negro cabello y sus ojos destellaban con esa chispa exótica que le había valido su antiguo sobrenombre. Sólo había que verla para entender que Mercedes Abreu había nacido para hechizar y que poseía la clase de una modelo internacional. Sin embargo, en su fuero interno, la modelo sentía nostalgia de su provincia, extrañaba la Escuela de Bellas Artes y su antigua profesión de modelar ante verdaderos artistas. Y como un relámpago doloroso pasaba por su imaginación el recuerdo de Ricardo, su talento de pintor y el extrañon torbellino de su pasión que había en alguna forma disparado la trágica secuencia que lo condujo a la muerte y propició los extraños sucesos que la precedieron.

La voz del fotógrafo la sacó de sus pensamientos. El hombre le pedía que se moviera, que adopatara las posturas clásicas, que sonriera o se quedara seria. Ella, era extraordianriamente dúctil y las poses le nacían espontáneamente y sin esfuerzo. El francés daba órdenes a los técnicos, colocaba las luces, pedía accesorios de utilería a un ejército de asistentes que le obedecían como a un dios. *Clic, clic,* el disparador de la cámara capturaba su rostro sin cesar. El cabello desordenado y algo sudoroso, Michel Laurent pedía otro lente, un nuevo *zoom*. *Clic, clic, clic*. Bien pronto aquello se convertiría en una ráfaga de *clic*s. Incansable el hombre tomaba *close ups* de su rostro. Nada más que el rostro. Parecía haber olvidado que esa era una campaña de ropa, no de artículos de maquillaje. *Clic, clic*. Cada vez que tomaba una foto el francés chasqueba la lengua en señal de satisfacción, como hacen los catadores de los buenos vinos en su tierra. *Clic, clic*. Lanzaba exlamaciones en francés, *commemt tu est belle, bon dieu de bon dieu, eblouisante, ravissante...*parecía haberse vuelto loco, sus ojos brillaban con un fulgor malsano y sus manos comenzaron a temblar. *Clic clic.* Los asistentes se miraron entre sí, abochornados. *Clic clic,* fotos y más fotos. Cuando Mercedes intuyó lo que estaba pasando tuvo el impulso de echarse a correr pero ya era demasiado tarde. El hombre cayó al piso como un fardo y no se volvió a levantar. Michel Laurent, el famoso fotógrafo parisino, estaba muerto.

* * *

Mercedes se ha ido a una ciudad lejana. No sabe cuanto tiempo tardará en regresar, si es que se decide a hacerlo. Por ahora quiere alejarse de todo nuevamente, olvidar. Es verano y la ciudad está quieta bajo el sol y las calles reverberan creando espejismos sedientos. Mercedes está sentada en la terraza de un café, tomando a pequeños sorbos un aperitivo. No quiere pensar, pero el recuerdo de Ricardo viene a su mente una y otra vez.. Es el único amor de su vida y lamenta haberlo rechazado tantas veces. Bebe distraídamente asediada por el calor y los recuerdos.

Atravesando la calle hay otro restaurante con terraza. Sentado ante una mesa, un muchacho rubio saca un lápiz del bolsillo de su chaqueta, toma una servilleta y como quien no quiere la cosa, comienza a dibujar. Sin saber por qué, se ha sentido atraído por el perfil de la mujer que está sentada al otro lado de la calle y ha sentido un fuerte impulso que lo lleva a dibujarla. Hace un bosquejo rápido sobre la servilleta. El muchacho es hábil, sabe lo que hace. Agrega sombras aquí y allá y se las arregla para lograr un nido de luz que confiere vida al dibujo. Lo considera terminado y obedeciendo a una súbita inspiración se levanta y encamina sus pasos al otro lado de la calle.

Mercedes ve a un joven levantarse de la terraza de enfrente y atravesar la calle. De repente un automóvil pasa como una tromba y arrolla al transeúnte. Con un chillido de frenos el vehículo va estrellarse contra una pared y el chico ha quedado tendido en el suelo y no habrá de levantarse nunca más.

La brisa juguetea con un papel que ha quedado en el aire. Es una servilleta. Planeando, viene a parar a los pies de Mercedes Abreu. Ésta lo recoge y al mirarlo lanza una exclamación. Ha sucedido nuevamente.

* * *

La habitación del hotel donde se hospeda la modelo es una antigua residencia palaciega. El amoblado Luis XV lo atestigua, los cortinajes y los antiguos tapices. Mercedes está sentada frente a un antiguo tocador de tres espejos ovalados. Su imagen se repite por triplicado y muestra el rostro anguloso del antiguo Gato Egipcio. Sus ojos brillan como carbunclos, lanzando destellos verdemar.

Mercedes se ha puesto sus mejor galas esta noche y un collar de perlas adorna su cuello. Con gesto pausado comienza a dibujar. Copia fielmente su imagen reflejada en el espejo y se apresta calladamente a morir.

La conciencia de Goldrup
(DIVERTIMENTO EN DO SOSTENIDO, MENOR)

Sólo existe una forma de vigilia y es a la que te acercas ahora. Háblale de ello a los hombres: te dirán que estás enfermo pues no pueden entenderte. Por eso es inútil y cruel decirles algo. La llave que nos hará dueños de la naturaleza interior está oxidada desde antes del diluvio. Se llama velar. Velar lo es todo.

Gustav Meyrink

Allá, tras de los cerros, existe un pequeño ser insomne: es la conciencia de Goldrup.

Goldrup es verde azulenco, del mismo color que adquieren los ápodos cuando el sol declina y cuando se ha ocultado definitivamente, los ápodos salen atreviéndose a beber en las marismas.

Goldrup los caza entonces, uno a uno, aprovechando su mimetismo con la noche que le permite acercarse y apañarlos en silencio, con el movimiento succionante de sus tentáculos térmidos.

Después de algún tiempo —la noche dura aquí cuarenta tantras de años-sombra— Goldrup lleva un cúmulo de ápodos detrás de los cerros para que los devore su conciencia.

La pequeña conciencia de Goldrup se hincha entonces, se expande prodigiosamente y procrea nuevas generaciones de ápodos: ésta es su forma constante de recrear el universo y de mantener en movimiento el círculo lúdico que rige a la tríada que puebla nuestro mundo.

Lo que impulsa a Goldrup a nutrir constantemente a su conciencia no es una mística, ni una actitud filantrópica. Lo hace por pura conveniencia, obedece a un chantaje cósmico: si su conciencia no come, se duerme. Y si se duerme su conciencia, se apagará y los ápodos dejarán de existir, porque se alimentan de la luz que emite, como una luciérnaga, a intervalos regulares.

Al extinguirse los ápodos, la conciencia de Goldrup morirá de hambre. Y si la conciencia de Goldrup muere, Goldrup se extinguirá a su vez irremisiblemente.

Así se cierra el círculo vicioso de interdependencias que los ápodos denominan Ecología Cósmica.

Hay que tomar en cuenta que hace mucho tiempo, en los comienzos de la evolución, Goldrup era un ápodo como cualquier otro. Hasta que hastiado de la precariedad de su estado, mutó por su propia voluntad y se convirtió en esto indefinible, que es forma y no lo es al mismo tiempo.

Cuando toma forma los ápodos creen —y están en lo cierto— que Goldrup es un semidiós, un mensajero del más allá destinado a predicar la verdad para salvarlos de su destino circular.

El otro día, un día muy largo también, tuve una espantosa premonición de lo que iba a suceder.

Hallábame como de costumbre fungiendo como expositor oficial de ciencias nuevas en el *apodium,* cuando un colega observó un cambio en mi comportamiento.

He notado que has perdido rigor en tu trabajo, me dijo. *Si los resultados no fueran igualmente buenos, diría que te has vuelto descuidado.*

El comentario hubiese carecido de importancia si no hubiese coincidido con una transición sutil que me llevaba del análisis a la síntesis, cambio que creía yo ser el único en haber notado.

Por esos días resolví hacer una excursión a los cerros, aparentemente sin objeto alguno. Encontré allí, bajo las gradas del templo, los restos de los ápodos sacrificados y el cuchillo de pedernal que utiliza Goldrup al hacer sus ofrendas. Reprimiendo una sensación de angustia apenas natural, descendí siete niveles más por el elevador y me encontré en el cráter apagado del viejo volcán donde me envolvió una sensación de lucidez que no había experimentado jamás.

Desde entonces, mis visitas al lugar se hicieron más frecuentes.

Después, vino la aparición de esas esporas sobre mi epidermis. Esporas parlanchinas, como diminutos pigmeos que me recordaron la siniestra historia de *Amorc*[1]. Las esporas, cuando son inteligentes, saben mucho. Así que insensiblemente, dejé de pensar con el cerebro. En cambio, siempre consultaba a las esporas. Ellas me impusieron de todo lo que he narrado hasta ahora, los secretos de Goldrup, lo relativo a su conciencia y los ingentes sacrificios que se deben realizar constantemente para mantenerla despierta.

---

1. Relato terrorífico de Stephan Sweig.

En general, los ápodos ostentan un color *amasto* oscuro, muy *amasto*. Ahora yo estoy cambiando de color, derivo insensiblemente hacia un *glincalin* azulenco, muy tenue todavía, pero que ya recuerda el de algunas tecticas de origen cósmico que yacen en el derrubio del volcán. Sé que Goldrup quiere traspasarme su conciencia, debe estar harto de ella. Y debe saber también que yo necesito urgentemente una conciencia.

Así que el otro día decididamente fuí a buscar a la conciencia de Goldrup y la hice mía. Esa noche la había sentido palpitar desde temprano, la había escuchado jadear con oleaginosas oleadas hambrientas y le envié una comida suculenta.

Cuando desaparece, los ápodos se sumen en la larga noche e ignoran quién los acecha al borde de las marismas. Entonces definen a Goldrup como un dios y también están en lo cierto, porque viven en el terreno de la relatividad, donde todo es posible pero dura poco tiempo, como siempre sucede en los ensueños.

Los ápodos ignoran casi todo esto, pero resulta aún más extraño que se ignoren a sí mismos y desconozcan su naturaleza recurrente. Los ápodos mueren y vuelven a nacer, están obligados a hacerlo porque son las células de un cuerpo superior a ellos, pero no lo recuerdan.

Ignoran también la existencia de la conciencia de Goldrup, que por extensión es la de todos ellos, su calidad ubicua y su morada permanente, ese gran ombligo del planeta que se abre como un cráter gigantesco al pie del templo de los sacrificios, tras los cerros. También han olvidado, por supuesto, el siniestro reciclaje del que son objeto de su ir y venir y se han impuesto metas y compromisos de emulación mutua que los mantienen dormidos hasta que los sorprende la muerte, ignorando que forman parte de un juego en que siempre llevarán las de perder.

Tampoco saben que Goldrup, su dios, se encuentra espantosamente solo. A mí me causa pena verlo vagar como alma en pena entre los bosques de lucinios, añorando los tiempos en que fuera un ápodo cualquiera. Cuando su nostalgia es demasiado grande, actúa como una máquina del tiempo que lo lleva hacia el pasado y allí toma forma consistente. Entonces se busca una compañera y cohabita con ella incansablemente hasta poblar alguna región desnuda del planeta.

Años luz más tarde, los ápodos hablarán del tiempo mítico en que los dioses hicieron el amor con las hijas de los ápodos y del pueblo escogido —verde-azul— del que salieron los líderes y los profetas. Todo eso es verdad, pero no se puede olvidar que fue producto de un momento —relativamente infinito— en la soledad de Goldrup.

Porque no bien Goldrup ha jugado al Adán, cuando debe regresar porque su conciencia lo llama con una voz cada vez más débil, cuyo eco se agranda. Y entonces Goldrup se va desmaterializando poco a poco, como las subpartículas atómicas, hasta pasar al otro plano de existencia y dedicarse por entero a recolectar alimento para su conciencia.

Es entonces cuando algunos ápodos pretenden haberlo visto agazapado, acechando en las marismas. Pero tal vez haya sido tan solo un azulenco fuego fatuo, porque ver realmente a Goldrup es muy difícil, si no imposible.

Nadie sabe cuánto tiempo se prolongará esta fase inestable del mutante, ni el mismo Goldrup. Sólo sabe que su conciencia, entre recién nacida y moribunda, respira a intervalos cada vez más largos y que su largo trabajo de mantenimiento comienza a dar resultados. Pero aún en la dimensión suya se envejece y a lo mejor ya es la hora de Goldrup, también. Ahora con su conciencia suficientemente nutrida, deberá pasar a ser otra cosa. Su trabajo está encauzado a ir más allá de la forma y la no forma, a no ser nato ni nonato, ni materia ni energía, situándose más allá de las contradicciones del ser o no ser.

Más tarde la encontré, gigantesca y oronda como abeja reina, dedicada a su labor de reciclaje, muriéndose con los ápodos y partiéndolos, todo al mismo tiempo. Reconocí algunos —aunque esto es difícil porque aquí todos somos octaedros— pero especialmente noté que los recién nacidos no guardaban memoria de haber pasado antes por el interior de la conciencia.

De Goldrup, ni la sombra. Había abandonado sus deberes con ella y ya no le proporcionaba alimento.

Después supe —me lo contó la conciencia misma, acompañada por el coro de esporas parlanchinas— que Goldrup había logrado convertirse en *otra cosa* y que ahora goza de una relativa inmortalidad en otro plano, en el cual vive rodeado de todas las comodidades. Y también me informaron que ha puesto con mucho éxito una fábrica de jarabe para la tos que se denomina «Jarabe Goldrup», rico en acónito.

En otras palabras, Goldrup se ha escapado y no creo que vuelva jamás.

Yo he ocupado su lugar. Lo cual quiere decir que estoy en pleno período de mutación. Ya no soy ápodo como lo atestiguan los diminutos miembros que han comenzado a surgir en mi superficie y que se van desarrollando a medida que los aprendo a usar bajo la dirección de la conciencia de Goldrup, que ahora está a mi cargo. Actualmente estoy en proceso de construirme un *Qualb*[2] para poder navegar en las nuevas dimensiones en que tendré que desplazarme.

El proceso de soledad ha comenzado porque ahora ya no pertenezco a ninguna especie y soy un transeúnte entre la bestia y tal vez otra cosa. La conciencia me guía, pero mi inexperiencia está haciéndola morir de hambre. Desde que Goldrup se fue, ha disminuído de peso considerablemente.

Debo entregarme todo el tiempo a la cacería de ápodos inconscientes, aunque esto es una redundancia, porque si un ápodo llegara a tener conciencia, dejaría de serlo inmediatamente, como me ha pasado a mí. Es inútil explicar lo que es una conciencia. La de Goldrup, que ahora es mía, se asemeja a una Mantis Religiosa por su inveterada costumbre de devorar a los que ama, pero no tiene un color definido todavía.

Convendría eso sí observar que sufre ataques crónicos de tos y que su mayor debilidad es el sueño; por eso me encargo de mantenerla en vela. Si duerme, su sueño es de milenios y entonces, antes de morir, da a sombra mundos atrofiados que luego es muy difícil reparar.

Uno de estos mundos defectuosos es el planeta Tierra, una pesadilla de la conciencia dormida.

Todo esto sería atroz si no fuera altamente lúdico. Creo que Goldrup se tomaba demasiado en serio y que en el fondo le mortificaba este trabajo incesante por mantenerse en vela y la compulsiva necesidad de alimentarse de ápodos que tiene la conciencia. Pero también creo que

---

2.   Qualb, vocablo árabe. Según los sufíes, un corazón suplementario o centro emocional que el individuo puede fabricarse a la medida de sus necesidades.

al fin y al cabo ese acto de coprofagia es sólo un acto de piedad: es mejor para los ápodos dejar de ser, que vivir conscientes, porque se dañan entre sí. Y el mayor peligro que corren los ápodos que no son devorados por la conciencia es involucionar hasta llegar a ser humanos.

Ya es tarde, comienza la Gran Noche. Vale más aprestarme e ir de caza, porque recientemente la he oído bostezar. Es necesario acarrearle su ración de insomnio, antes de que los agentes de Goldrup le hagan beber su jarabe. Como ustedes saben, el acónito produce sueño. Es una planta vivaz, de la familia de las ranúnculas, que crece hasta metro y medio y tiene hojas palmeadas, flores azules, a veces blancas y raíz fusiforme. Es medicinal y crece en las montañas altas de la Tierra.

Pero además de hacer dormir, el acónito tiene el grave defecto de que todas sus variedades son venenosas cuando la semilla ha llegado a su madurez.

No es difícil atar cabos: todo parece indicar que Goldrup ha traicionado a su conciencia.

OTRO AMOR LOCO

Salió de si misma, tímida y perezosa, implacablemente llevada por ese mecanismo biológico que gobierna el sol. Sin quererlo hizo un recuento de sus sueños y del despiadado desierto de la realidad, encontrándose en un amanecer obligatorio una vez más.

La mañana estaba ahí, devolviendo su color a las rocas nocturnas, dorando la arena de las dunas y seguramente azulando un mar que hasta ahora sólo era un murmullo distante. En el horizonte el sol había iniciado su puntual transcurso y ella fue a su encuentro, como todos los días. La luz giró en diminutos corpúsculos que invadieron sus ojos soñolientos y salió aún más de sí misma estirando los miembros entumecidos por la larga noche. Emprendió luego el viaje hacia la playa, lo más lentamente posible, con la absurda intención de que el sol detuviera su curso inquiriendo el por qué de su mesura.

La tortuga recorrió el camino cotidiano con pereza prehistórica, deteniéndose frecuentemente, evadiendo los recovecos rocosos donde la noche pretendía perpetuarse en sombra. Buscaba una presencia, el diálogo con alguien de su especie. Miró hacia la playa que aparecía apenas tras el borde rocoso y lo imaginó agobiada por la soledad. Estiró el cuello para otear el horizonte con ojos melancólicos y su mirada tropezó con un mar que según ella parecía bostezar a lo lejos con espuma cansada.

Lo mismo había ocurrido mañana tras mañana, cuando el sol la impulsaba a salir de su letargo: el mismo peregrinar sobre las rocas y la arena susurrante. Vio tras de sí la prolongada huella de sus pasos, borrándose a medida que el viento progresaba por las dunas. Meditó largamente con los ojos entornados sobre el «abismo de su soledad» y deseó intensamente, como sólo una verdadera hembra puede hacerlo, la presencia del macho.

Avanzó a rastras por la playa, soñando despierta, acarreando sobre su espalda la creciente tibieza de los rayos del sol. Se detuvo otra vez y estuvo mucho tiempo ensimismada como una piedra florida o algún fruto del mar.

Trataba vagamente de explicarse esa desazón que hacía desapacible su pasividad ancestral, el por qué de la monotonía de la arena, del mar y del transcurso inviolable del sol. Era una hermosa playa que sus sentidos persistían en ignorar: dormitaba siempre con los ojos entreabiertos para no dejar escapar sus melancólicas quimeras. Una ola intempestiva la sacó de sus ensueño al estrellarse a sus pies.

Fue entonces cuando abrió los ojos y lo vio por vez primera.

* * *

Viene la noche
suena la hora
Los días pasan
Y yo quedo.

Apollinaire

* * *

Llegó del mar, como un Neptuno coriáceo, una gran ola lo depositó en lo alto de una duna y quedó allí como una estatua, exánime sobre un pedestal improvisado, su sereno perfil redondeando el horizonte. La tortuga lo miró largamente, con los ojos bien abiertos por el asombro y el sol transcurrió por vez primera sin que ella lo notara. Y la playa se llenó de algo desconocido hasta entonces para ella. Pasó el resto del día en estática contemplación.

El día siguiente la encontró transida de espuma y viento, esperando el momento en que la bruma de la mañana se desgarrase para verlo. Pero una vez desvanecidos los girones de niebla, la duna de ayer no estaba. Con una premura desconocida se dirigió al sitio donde el extranjero había llegado del mar, indagó afanosamente removiendo la arena con sus extremidades ansiosas, hasta quedar exhausta.

El nuevo día trajo un sol nublado, pero a pesar de eso todo brilló otra vez con radiante fulgor cuando lo vio nuevamente, muchos metros atrás, metido entre sí mismo. Un estremecimiento sacudió su piel y sin pensarlo dos veces, corrió —como solo saben hacerlo las tortugas— hasta el borde rocoso.

Una vez allí lo miró intensamente, contempló la serenidad de su perfil hierático y una seguridad tibia la embargó cuando el sol salió de entre las nubes y proyectó su sombra como una ola protectora. Se arropó con ella y todo el día giró muy despacio siguiendo su curso circular, consciente de su dicha, de la inenarrable felicidad de compartir su sombra.

* * *

Ella se ha encontrado.
¿Quién?
La eternidad.
Es el mar, que se ha ido con el sol.

Rimbaud

* * *

Lo amaba con la sorda pasión de las de su especie. Los días fueron entonces su collar interminable de abalorios, un rito intextinguible que él oficiaba desde lo alto y ella acolitaba complacida porque «ahora su vida tenía un centro», un punto de referencia, un eje en torno al cual vivir y alguien con quien compartir su soledad.

Si hubiese sido una hembra de otra especie, habría cambiado sutilmente su manera de vestir, llevaría el pelo suelto y tendría la sensación de ser «muy pequeñita», ostentaría un nuevo rubor en las mejillas y el temor de ver «romperse el conjunto de las tardes», o algo así de romántico. Estaba tan enamorada que de haber sido mujer habría hilvanado palabras y tejido versos y consignado en un diario sus exaltados pensamientos. Más como era de otra índole, se conformó con dar vueltas y más vueltas, bordando en la arena un código amoroso que repitió mil veces sin esperar respuesta.

Amaba lo estático y él era un acantilado inconmovible, cuya serenidad le permitía meditar horas enteras bajo el ardiente sol. Emanaba esa atmósfera viril que embarga a toda hembra y la hace sentir «segura y acompañada», no importa que el diálogo sea escaso y el contacto físico sea raro. Siempre había sido una enamorada de imposibles. Y ahora su realización era completa: admiraba superlativamente la tranquilidad inamovible de ese macho que evocaba al héroe de una aventura del oeste, esa decisión suya de mantener la calma a toda costa que de haber sido mujer y de otras épocas la hubiera remitido al recuerdo de Jhon Wayne, ese arquetipo de hermetismo masculino. No reflexionó que la soledad produce el espejismo de la necesidad y lo amó más cada día sin que el se dignara descender a su lado para compartir las horas de sol y las de sombra.

Ella subió entonces y se acomodó a su lado, feliz de no ser rechazada y haber obtenido su consentimiento tácito y después de respirar su olor, que imaginó tejido de innumerables humores marineros, se sumió en un sueño romántico, feliz de poder seguir soñando, porque el sueño y la vigilia se habían convertido para ella en una sola cosa: soñó que al despertar seguía soñando y que a su lado, él velaba sus ensueños.

* * *

Psicológicamente, hay abundantes razones
Para que una prolongación de nosotros mismos
Nos suma en el embotamiento.

Mac Luhan

* * *

Una pareja recorrió la playa solitaria dejando tras de sí la huella de sus pies descalzos. Ella, cabello largo-dorado, saltó ágilmente entre las rocas y formó un arco con las piernas viendo la espuma estrellarse a sus pies.

Él la alcanzó de un brinco enlazándola fugazmente porque entonces los dos vieron sobre las rocas desnudas una extraña pareja:

Una joven tortuga dormitaba tranquila junto a un viejo casco de guerra. De vez en cuando sus ojos se entreabrían y su cabeza de ave frustrada olisqueaba con fruición a su compañero. Luego volvía a su embotamiento y tornaba a soñar.

El hombre, con un gesto divertido, hizo ademán de tomar el casco con la mano. Cabello largo-dorado se lo impidió diciendo:

Déjalo ahí. Es mejor para ella.

CONTENIDO